どうなる？住宅ローン！

離婚とお金

高橋愛子
住宅ローン問題支援ネット代表

プレジデント社

はじめに

みなさん、こんにちは。『住宅ローン問題支援ネット』の高橋愛子です。この本を手に取ってくださり、ありがとうございます。

私が住宅ローン問題の無料相談をはじめたのは２００７年でした。年間数百件にものぼる相談を受けていると、本当にさまざまな問題を抱えた相談者の方がいらっしゃいます。社会情勢にも影響される問題なので、傾向の変動はありますが、いつの時代も多いのが、「離婚に関する住宅ローン問題、不動産問題」です。離婚と一言で言っても事情は夫婦の数だけ存在し、抱えている問題も異なります。

離婚問題の場合は、その他の住宅ローン破綻と違い、「収入があっても離婚によって破綻に追い込まれやすい」という特徴があります。慰謝料や養育費、財産分与など、離婚に関わるお金についての問題はたくさんありますが、なかでも住宅ローンは数千万円という高額の債務がのしかかるので、一気に破産に追い込まれることもあるのです。

私は夫側、妻側、どちらからの相談も受けますが、夫婦の悩みは性格の不一致から浮気、ギャンブルなど実にさまざま、十人十色です。

離婚はそんな精神的負担が大きい上に、金銭的問題が降りかかります。すぐに解決できることはまれで、ほとんどの場合、数カ月から、長い場合で数年にも及ぶケースもあります。その間、モチベーションを保ち続けることは難しく、ときに投げやりな気持ちになってしまったり、精神を病んでしまう人もいます。本当につらいことです。

でも、ここで投げやりになってしまってはいけません。

私はみなさんからの相談を受けているうちに、対処法を「知らない」ために、損をしている人がいかに多いかということを知りました。財産分与の方法ひとつ取っても、少しの知識のおかげで今後の人生が好転することは少なくありません。一方で、知らなかったばっかりに大切な家を手放したり、おまけに大きな借金を背負ってしまった方を何人も見てきました。そんな方のために、少しでも私の知識を役立てられればと、声がかかれば日本全国どこへでも、相談者の元に駆けつけていました。
離婚関連の本はたくさん出ていますが、「離婚と不動産」、特に不動産のオーバーローン（債務超過）について書いている専門書は、ほとんどありません。そこで、この問題に対してこれまで多くの方々の相談にのってきた私は、離婚と不動産問題の現実を知ってほしいと思い、本にまとめる決意をしました。結婚している人なら将来経験する可能性があるかもしれない離婚とお金、特に「住」に関わる不動産問題の本です。

専門家に相談するのは勇気のいることでしょう。「どうしていいかまったくわからない」「どこに相談すればよいのかわからない」「何を調べればよいのか、何から手をつければいいのか」……。でも大丈夫、ほとんどの方が初めて直面する問題です。わからないのが当たり前なのです。

初めて私のところに相談に来られた方は、口々に「何をすればいいかすらわからないなんて、言うのも恥ずかしかった」とおっしゃいます。そこから、離婚したいのか、したくないのか、これからの住居をどうするか、など相談者の希望に添って、いちばんよい方法で解決するためのアドバイスをしていきます。

無料相談をはじめた頃は、自分の経験不足を補うためにさまざまな勉強をしました。でも、机上の勉強と実際起きている問題とでは、当然ながら内容にとてつもない開きがあります。机上だけではとても片付けられないたくさんの相談をお受けし、勉強しながら現場に出て、解決に努めてきました。その相談件数と解決件数が、いま、私の強みになっています。

私の基本は、「とにかく話を聴くこと」。そして、相手の立場に立つとともに、第三者的な目線も持って全体を俯瞰しながらアドバイスをしています。

これからも、「どうしていいかわからない」と途方に暮れるみなさんの駆け込み寺的存在でありたいと思っています。結婚するより離婚するほうが数倍大変だといいますが、結婚はスタート、離婚は再スタートです。絶対に無駄な経験ではないと思っています。その再スタートをいかに前向きなものにするかのお手伝いを、これからも全力でしていくつもりです。

離婚とお金　どうなる？　住宅ローン！［目次］

第1章 離婚で確実に炎上。「家」にまつわる7つのこと

第2章 「離婚」と「家」で破産しないために！ 実例から学ぶプロのテクニック20

第3章　「納得の離婚」のために知っておきたい、手続き、お金、相談のこと

コラム

第1章

離婚で確実に炎上。

「家」にまつわる7つのこと

離婚が破産につながる！原因のほとんどは住宅ローン。

後々までトラブルになりやすい不動産問題

約1分に1組のカップルが結婚して、約2分に1組が離婚するといわれている現在。離婚率自体は横ばいで推移していますが、最近増えているのが熟年離婚です。厚生労働省の統計（人口動態統計）でも、20年以上連れ添った夫婦が離婚するケースが大幅に増加しています。

日本における離婚は、ほとんどが話し合いによる協議離婚で、全離婚件数のうち9割近くにのぼります。**協議される内容は、子供の親権や養育費、慰謝料の金額や財産分与など**です。

慰謝料は有責行為（浮気、ＤＶ、悪意のある扶養放棄、生死の不明など）で、離婚の原因を作った側が配偶者に支払う損害賠償。対して財産分与は離婚原因にかかわらず、原則として公平に分与されます。共同名義で購入した不動産や家具だけでなく、夫婦の片方の名義になっている預貯金や車、有価証券、保険解約返戻金、退職金なども財産分与の対象となります。

なかでも**後々までトラブルの種となりやすいのが、不動産に関する問題**です。

慰謝料、養育費は分割することもできますが、住宅ローンは借り入れの額も何千万円単位と大きく、離婚に伴い、どちらかが払っていくにしても負担が大きいもの。また、売却する場合で住宅ローンが物件価格（時価）をオーバーしている状態を**「オーバーローン（債務超過）」**といいますが、オーバー分は一括返済しなくてはならず、**離婚が破産につながるケースのほとんどは、住宅ローンが原因**です。

神奈川県に住むYさんは自営業。若い頃は羽振りがよく、高級マンションに住み、高級車を乗り回すゆとりのある暮らしをしていました。でも、若気の至りで年金は未払い。その後、不況で事業が停滞し、妻のパート収入に頼るようになってしまいました。

ところが、還暦を前にして妻から離婚したいと持ちかけられ、協議離婚になってしまったのです。収入のないYさんは、たちまち住宅ローンが払えなくなり、自宅は競売になってしまいました。Yさんはいま、生活保護を受けて生活しています。

私はこれまで、Yさんのように、離婚をきっかけに一気に破産の危機に追い込まれる方々の相談を数多く受けてきました。特に**夫が定年退職した後の熟年離婚は、収入が減るので破産の危険性が大**なのです。

まず、**離婚話が持ち上がったら、不動産に関する問題を冷静に把握・整理することが大切**です。協議をする前に不動産の名義や住宅ローンの契約内容、保証人など、現状がどのような権利関係になっているかをしっかり確認しましょう。購入のときは、マイホームを手に入れられる喜びでいっぱいで、なかなか権利関係の内容まで把握していない方が少なくありません。

内容を調べるには、法務局で不動産の登記簿謄本を取得するといいでしょう。また、売却する予定があるのなら、不動産業者に土地・建物の査定をしてもらい、あらかじめ資産価値を把握しておきましょう。

さて、ここから、**離婚で炎上しがちな、「家」にまつわる7つのこと**をお話ししていきます。

離婚の前に確認しておくことチェック表

- [ ] 不動産の取得時期はいつだったのか?
- [ ] 不動産の購入代金はいくらだったのか?
- [ ] 不動産を購入の際、頭金は払ったか?
- [ ] 頭金は誰が払ったか?
- [ ] 頭金は払わず、フルローンを組んでいるか?
- [ ] 土地や建物の名義はどうなっているか?（共有名義か単独名義か）
- [ ] 担保権（抵当権や差押え）の有無は?
- [ ] 住宅ローンの残高はいくらあるか?
- [ ] 住宅ローンで連帯保証人の有無はどうか?（登記簿謄本には載らない）
- [ ] 住宅ローンで連帯債務者の有無はどうか?（登記簿謄本に載る）
- [ ] 住宅ローンの完済時期はいつか?
- [ ] 不動産の査定はいくらか?

1

養育費とは話が違う！破産のリスクが一気に高まるローン残債問題。

ローンが滞れば一括で返済の請求が！

協議離婚では、どちらかに有責行為があった場合は慰謝料、子供がいる場合は親権や養育費が争点になることが多く、**不動産の問題は後回しになりがち**です。

預貯金や車や家財などの財産分与は、分与した時点で終わり、慰謝料や養育費も話し合いで双方の納得が得られれば、分割することは可能です。しかし、住宅ローンは契約している相手が金融機関なので、返済が滞ると一括で返さなければなりません。

たとえば住宅ローンを残したまま離婚したとします。ローンの連帯保証人である元妻と、子供が自宅にそのまま住み続け、メインの債務者である元夫が家を出て住宅ローンを返済し続けていた場合、**元夫がなんらかの理由で返済をしなくなると、ローンの残債は、元妻に一括で返済が請求されます。**

現状をかならず確認、把握

住宅ローンは借り入れも何千万円と高額ですから、残債を残したまま離婚するケースも多いのが現状です。払えない場合は自宅の競売、自己破産に一気に突き進んでしまう危険性があります。

住宅ローンを借り入れている金融機関に連絡して契約内容を確認すれば、借入状況と、照会時点までの返済履歴などがわかります。借り換えなどをして契約内容が変更されているケースもあるので、契約書類一式はかならず確認しましょう。そこで、いま誰が、どのくらいの債務を負っているかをしっかりと認識することが大切です。

2

共有名義は離婚を境に〝共憂名義〟になる。

共有名義人双方の承諾がないと売却できない！

夫婦がそれぞれ資金を出し合ったり、住宅ローンを借り入れて住宅を購入した場合、その土地と建物は二人の「共有名義」になります。夫婦の収入を合算することで、多くのお金を借りられるだけでなく、購入価格の一定割合を税額控除される「住宅ローン控除（減税）[*1]」と「住宅売却の３０００万円の特別控除[*2]」の優遇を二重に受けられる大きなメリットがあるのです。

ところが、**共有名義にしたばっかりに、このことがさまざまな問題を引き起こすこともある**

まず、どちらか一方が仕事を辞め、収入がなくなれば、辞めたほうの住宅ローンでは控除を受けることができなくなります。購入当時は共働きでも、出産・育児の途中で妻が仕事を辞めるというケースは珍しいことではありませんから、これはある意味、予測の範囲内の〝通常のデメリット〟といえます。しかしそんな〝通常のデメリット〟をはるかに超えて問題となること――それが、**離婚で家を売却する場合**なのです。

ローン完済後でも油断禁物

共有名義の不動産は、実は**名義人である「夫」と「妻」の、両方の承諾がないと売却することができない**のです。

たとえば、夫は売却して得たお金を財産分与として分け合いたくても、妻は慣れた家に住み続けたいと主張してもめるケース。また、どちらかの失踪などで連絡が取れなくなり、売却の承諾を得ることができない場合もあります。

私が引き受けた案件で、もっとも厄介だったのは、**「夫の浮気が原因で離婚に至り、妻が自宅に居座った」**というケースです。

売却益を分与するほうが得策なのに、**夫への恨みがつのっている妻は頑として売却に同意しませんでした**。売却までの時間が長引けば、それだけ不動産の価値も下がります。もちろん、状態が膠着《こうちゃく》している間も、住宅ローンは返済しなければなりません。さらにどちらかが再婚した後に亡くなれば、「共有持分」が複数の人に相続されることもあります。住宅ローンの完済後であっても、元配偶者が共有持分を担保にして借金をしたり、税金の滞納をしたりすれば、突然差押えられたりするリスクもあります。

共有名義はメリットもありますが、離婚の場合には〝**共憂名義**〟になるデメリットも含んでいるのです。

*1 住宅ローンを借り入れて家を購入する場合に、購入者の金利の負担を軽減するための制度。年末時点でのローン残高か、住宅の取得対価のいずれかの少ないほうから、金額の1％が10年間にわたり所得税から控除される。

*2 家を売却したときには、所有期間に関係なく譲渡所得から最高3000万円まで控除ができる特例。適応要件あり。

3

離婚して初めて知る「自分は連帯保証人だった！」

名義変更で連帯保証が外れることはない

連帯保証人は、「主債務者」を保証する立場となり、主債務者の返済が滞った場合に金融機関等から返済請求を受けます。

たとえば、夫が主債務者として住宅ローンを組み、妻が連帯保証人になった場合、夫の返済が滞れば、連帯保証人である妻に返済の義務が生じます。夫婦の収入を合算して住宅ローンを組む場合、夫が主債務者となり、妻が連帯保証人になるというケースがほとんどです。

離婚して10年以上が過ぎ、再婚した夫との間に子供も生まれたS子さん。幸せな家庭の主婦となり、以前の結婚生活のことはすっかり忘れていた頃に、元夫がローンを返せなくなったことが原因で、突然、返済督促が届きました。**そのとき初めて、自分が住宅ローンの連帯保証人であったことに気がついた**のです。

離婚しても、連帯保証人であることは変わらないのです。離婚するときに家の名義を夫に財産分与して自分の名義を外したら、住宅ローンの連帯保証も自動的に外れると思っている方もいますが、そうではありません。

これまでも「離婚したのに連帯保証が外れないなんて、納得できない！」という相談をいくつも受けてきましたが、これは法律で定められた日本の連帯保証制度なので、どうすることもできないのです。

解除されるのはローンが完済されたとき

連帯保証が解除されるのは、住宅ローンが完済されたときです。

返済中に連帯保証を外すには、住宅ローンを借りている金融機関の同意を得るか（保証債務免責）、同等以上の連帯保証人を立てるか、ローンを完済もしくは完済に近い金額を一括返済するか、などの方法がありますが、いずれも債権者である金融機関の同意が必要です。

しかし、その同意を得るのはとてもハードルが高いのが現実です。一方で、ローンを支払っていくどちらかが住宅ローン残高分全額の借り換えができれば、連帯保証債務はなくなります。つまり、違うローンに乗り換えるわけですね。

ただ、これも単独でローンが組めるだけの収入や資金があればよいのですが、物件の担保価値が低ければ、借り換えはかなり厳しいのが現状です。

ならば、売却するほうが全額返済となってすっきりできる——となるのですが、問題はローン残高が物件価値を上回っている場合。つまりオーバーローン（債務超過）状態のときです。オーバーローンでは、もちろん売却はできません。

金融機関の保証債務免責も無理、借り換えも無理、オーバーローン分を一括で支払えないから売却も無理、となると、そのままの状態でローンを支払い続けていくしかなく、数年後には破綻しかねない、というリスクがつきまとうわけです。

そんなに重要な「連帯保証」人ですが、なぜ当事者は、連帯保証人になっていたことに対する自覚がないのでしょうか。

これは実のところ、**自覚がないというよりも、忘れてしまっていることのほうが多い**のです。そんな大切なことをなぜ忘れてしまうのか。離婚と不動産問題に直面していない方はそう思われるかもしれません。でも、結婚したときや、マイホームを買おうというときは、まさか自分が将来離婚するなどとはみなさん思っていませんし、マイホームを買うという希望や高揚感から、そんなリスクなど考えもせずに、金融機関や不動産業者に言われるがままに印鑑をついてしまうのです。

そういったリスクをしっかりと説明してくれなかった、という声もありますが、仮にそのような説明をしても、不動産購入時はまさか将来離婚するなんて思いもよらない二人ですから、結局は、記憶にもほとんど残らないと思います。

不動産登記簿謄本の見方

①連帯債務者であることの確認はココを見る！

権利部（甲区）　（所有権に関する事項）			
順位番号	登記の目的	受付年月日・受付番号	権利者その他の事項
1	所有権保存	平成○年○月○日 第○○○号	原因　平成△年△月△日売買 所有者　○○市○○区○○○○ 東京太郎 順位１番の登記を移記
	余白	余白	昭和○年法務省令第37号附則第2条 第2項の規定により移記 平成○年○月○日

権利部（乙区）　（所有権以外の権利に関する事項）			
順位番号	登記の目的	受付年月日・受付番号	権利者その他の事項
1	抵当権設定	平成○年○月○日 第○○○号	原因　平成△年△月△日金融消費貸借 同日設定 債権額　金○○○○万円 利息　金○○○○万円に付年○・○% 但し平成○年○月○日から年△・△% 損害金　年□・□%　年365日割計算 連帯債務者 ○○市○○区○○ 東京太郎 ○○市○○区○○○ 東京花子 抵当権者　東京都○○区△△△ 住宅○○公庫 （取扱店　株式会社東京○○××銀行 □□支店） 順位１番の登記を移記
付記1号	1番抵当権 移転	平成△年△月△日 第□□□号	原因　平成△年△月△日 独立行政法人住宅金融支援機構 法附則第３条第１項により承継 抵当権者　東京都□□区○○○ 独立行政法人○○○○

連帯債務者は
記載される

②連帯保証人の場合は謄本に記載されない！

権利部（甲区）　（所有権に関する事項）			
順位番号	登記の目的	受付年月日・受付番号	権利者その他の事項
1	所有権保存	平成○年○月○日 第○○○号	共有者 ○○市△△区××× 持分30分の26 東京太郎 ○○市△△区××× 持分30分の4 東京花子 順位1番の登記を
	余白	余白	昭和○年法務省令第37号附則第２条 第2項の規定により移記 平成○年○月○日

実は連帯
保証人だが……

権利部（乙区）　（所有権以外の権利に関する事項）			
順位番号	登記の目的	受付年月日・受付番号	権利者その他の事項
1	抵当権設定	平成△年△月△日 第×××号	原因　平成△年△月△日金融消費 貸借同日設定 債権額　金○○○○万円 利息　金○○○○万円に付年○・○％ 但し平成○年○月○日から年△・△％ 損害金　年□・□％　年365日日割計算 債務者　○○市△ 東京太郎 抵当権者　東京都 住宅○○公庫 （取扱店　株式会社東京○○××銀行 □□支店） 共同担保　○○○○ 順位1番の登記を移記

連帯保証人は
記載されない！

③抵当権、根抵当権が抹消されている場合の「下線」に注目！

権利部（乙区）　（所有権に関する事項）			
順位番号	登記の目的	受付年月日・受付番号	権利者その他の事項
1	抵当権設定	平成△年△月△日 第×××号	原因　平成○年△月×日保証委託契約による 求償債権平成○年×月△日設定 債権額　金○○○○万円 損害額　年○％（年365日日割計算） 債務者　○○市△△区××× 東京太郎 抵当権者　東京都○○区△△△ ○○保証株式会社 共同担保　○○○○○ 順位1番の登記を移記
付記1号	1番抵当権 移転	平成○年○月○日 第△△△△号	原因　平成×年○月△日合併 抵当権者　東京都□□区△△△ ○○信用保証株式会社

下線が入っているものは抹消事項

④税金の差押えはこんなふうに記載される

権利部（甲区）　（所有権に関する事項）			
順位番号	登記の目的	受付年月日・受付番号	権利者その他の事項
1	合併による 所有権登記	平成○年○月○日 第△△△△号	所有者　東京都○○区△△△ 株式会社○○○○ 順位3番の登記を転写 平成×年△月○日受付 第□□□□号
2	所　権移転	平成△年□月○日 第××××号	原因　平成△年×月○日売買 所有者　○○市××町△△ 東京太郎
3	差押	平成□年×月△日 第○○○○号	原因　平成○年△月×日担保物処分の差押 債権者　○○市
4	参加差押	平成□年×月△日 第○○○×号	原因　平成○年△月×日参加差押 債権者　○○市

差押えはこのように謄本に記載されるだけ

⑤競売決定はこんなふうに記載される

権利部（甲区）　（所有権に関する事項）			
順位番号	登記の目的	受付年月日・受付番号	権利者その他の事項
1	所有権保存	平成○年○月○日 第△△△△号	所有者　○○市○○区○ 東京太郎
2	差押	平成△年□月○日 第××××号	原因　平成△年□月×日○○地方裁判所 担保不動産競売開始決定 債権者　東京都□□区△△△ ○○信用保証株式会社

競売開始決定！

4 連帯保証と連帯債務。知っておきたいデメリット。

住宅ローン控除の違いを確認

「連帯保証」人は、債務者の返済が滞った場合に、代わりに返済する義務があります。連帯して保証しているため、「まず債務者に請求してください」ということ（催告の抗弁権）や、「先に債務者の財産を差押えてください」ということ（検索の抗弁権）ができません。

一方、「連帯債務」者は、主債務者と連帯して債務を負うものです。つまり、**連帯債務者は主債務者と同一の立場**ということになるため、いつでも金融機関から返済請求を受ける可能性があります。

離婚してからも、ローンを完済するまでは連帯債務などの関係から逃れることはできません。

知っておきたい「夫婦のローン」のパターン

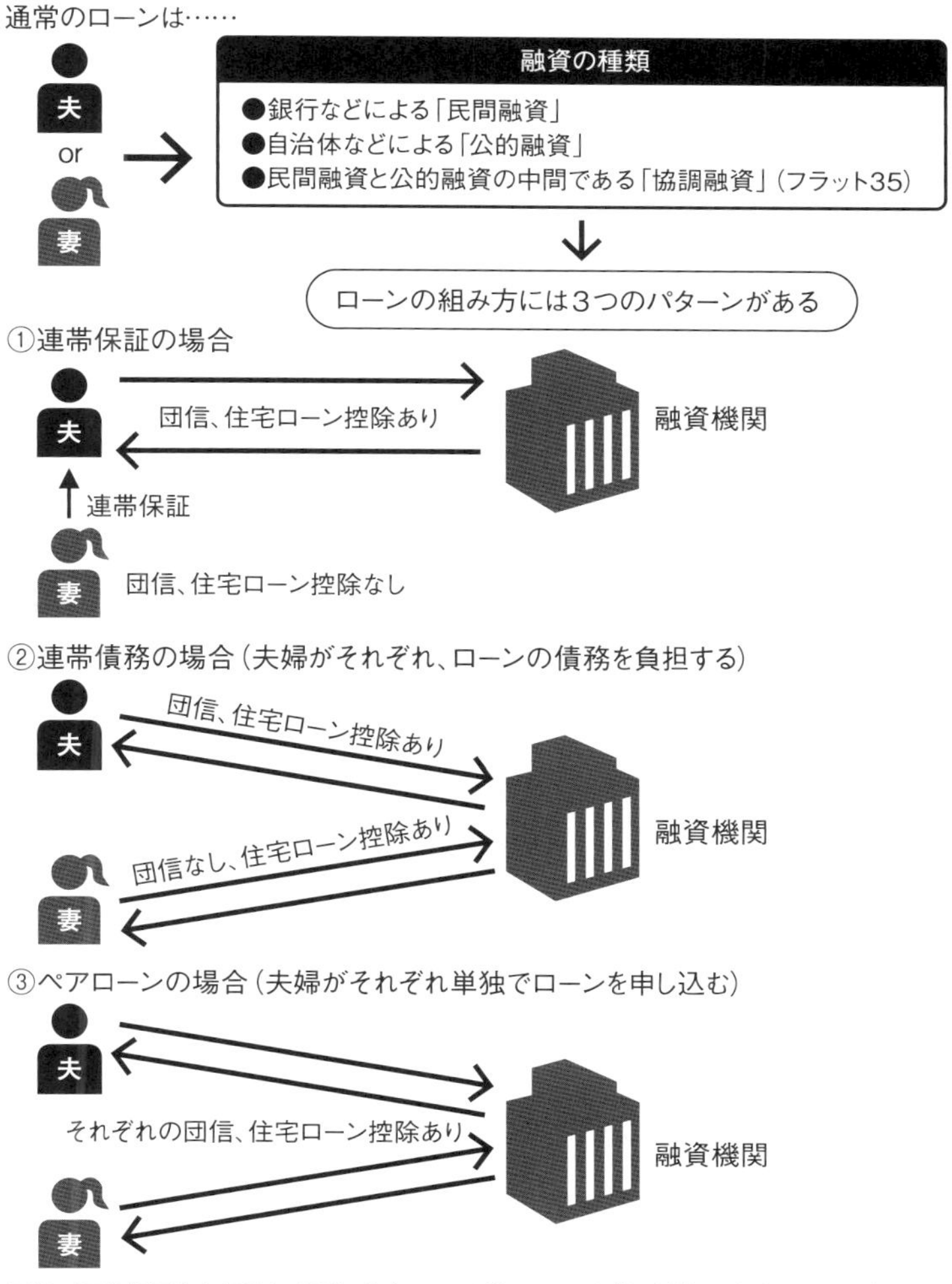

団信：「団体信用生命保険」の通称。住宅ローンを借りている人（債務者）が、住宅ローン返済中に死亡や高度障害になった場合、本人に代わって生命保険会社が住宅ローンの残金を金融機関に支払うため、住宅ローン残債がなくなる保険。

離婚しても、ローンを完済するまで連帯保証・連帯債務の関係は続きます。

夫が主債務者で、妻が連帯保証人となって借り入れる場合、ローンの借入名義人は夫のみなので、住宅ローン控除は夫だけしか受けることができません。

しかし一方、妻が連帯債務者となって借り入れる場合は、妻が夫と連帯して同じ債務を負っているることになりますから、夫婦がそれぞれの負担割合に基づいて住宅ローン控除を受けることができます。

「連帯保証」か「連帯債務」かは、金融機関によって取り扱いが異なるので、住宅ローンを組むときによく確認しましょう。マイホーム購入後に、出産などで妻が仕事を辞めた場合は住宅ローン控除が受けられなくなります。また、住宅ローンはその住宅に住むことが前提なので、離婚後、夫婦のどちらか一方が家を出る場合など、そこに住まなくなった側は、その年から住宅ローン控除が使えなくなることも頭に入れておきましょう。

5

所有名義と住宅ローンの名義はまるで別物。

ローン残債があるとローンの名義変更はまず無理

離婚後は、さまざまな変更手続きをしなければなりません。

住民票、国民健康保険や年金、免許証の氏名変更、郵便局や金融機関などの各名義変更をはじめ、手当などによっては、変更がすんでいなければ受給できないものもあるので早急な変更が必要です。

ところが**不動産、住宅ローンの名義変更は、役所へ届けるだけではすまない**のでやっかいです。

不動産は慰謝料や財産分与の名目で、「夫が家を出て妻と子供がそのまま住み続ける」というケースが多いのですが、この場合、所有者名義を夫単独、あるいは夫と妻の共有から、妻の単独名義に変更することもあります。

ただ、ここで大事なことは、**「不動産の所有名義」と「住宅ローンの名義」は別**だということです。

不動産の所有名義を変更する「所有権移転登記」は法務局に申請すれば可能ですが、住宅ローンの名義変更はなかなか困難です。なぜなら、住宅ローンを借りる際に結ぶ「金銭消費貸借契約[*1]」では、「住宅ローンの名義を変更する場合は、金融機関の承諾を得なくてはならない」という決まりを設けている場合がほとんどだからです。

そして金融機関は、ローン残債がある間は、簡単に名義の変更に応じてはくれないのです。

住宅ローンを引き受ける妻が新たに単独で住宅ローンを申し込み、残債を妻の名義で返済していく方法がありますが、専業主婦などで返済基準を満たす年収がない場合は、担保となる自宅があっても、住宅ローンの借り換え[*2]は厳しいのが現状です。

妻に所有権移転登記だけすることも、可能でないわけではないのですが、もし住宅ローンの返済が滞った場合などに、離婚の事実や不動産の所有名義が変更になっていたことが金融機関に知られると、一括返済を求められることがあります。

不動産の所有名義変更は、住宅ローンが残っている場合、またオーバーローンの場合は意味をなさないことを覚えておいてください。

＊1　金融機関などから金銭を借り入れてローンの支払い（＝借りた金銭の消費）をし、将来的には借り入れた金額と同額を貸し主に返済する契約のこと。

＊2　住宅ローンを借りている家に住み続けることを条件に、新たな金融機関で現在の住宅ローン残債分を借り入れ、支払っていくこと（同じ金融機関の場合もある）。返済額や期間、金利の変更などにつながる場合がある。

6
オーバーローンかアンダーローンかが〝離婚破産〟のカギを握る。

八方塞がりなのはどっち？

離婚後、家を売却する際に問題になるのが**住宅ローン残高の有無**です。
不動産の価格（時価）が住宅ローンの残債より大きい**「アンダーローン」**か、住宅ローンの残債が不動産価格より大きい**「オーバーローン（債務超過）」**の、２つのケースがあります。

住宅ローンが完済されている場合は、その売却益を財産分与するだけなので、スムーズに話が進みます。債務が残っていても、査定の結果、住宅を売却すると利益が生じるアンダーローンの場合は、売却して得たお金をローン残債の支払いにあて、残ったお金は財産分与すればばいいでしょう。住宅を残してどちらかが所有し続ける場合は別途取り決めが必要になりますが、〝離婚破産〟に追い込まれることはないと思います。

問題になるのはオーバーローンの場合です。

オーバーローンでも、オーバー分を夫婦双方が払える程度の金額ならよいのですが、夫婦ともにオーバー分の支払い能力がなく、売却しても、多額な債務が残ることがままあります。この場合は、夫か妻のどちらかがそのまま住み続け、ローンも払い続けるという方法を取ることが多いのですが、そもそも離婚が前提になっていますから、どちらも家が必要ない、住みたくないというケースもあります。

そうなった場合は、「売るに売れない」状況のままローンだけを払い続けなくてはならず、仕方なく賃貸に出すという方もいます。しかし、賃貸に出すにもリフォーム代や空室時の住宅ローン負担など、デメリットも考慮しておかねばなりません。また金融機関によっては、**賃貸に出していることがわかった場合、住宅ローンの契約に違反すると見なされ、**一括返済を求められることもあります。

「離婚破産」のいちばんの原因は

いちばん多いケースは、「不動産と住宅ローンの名義は夫のままで、ローンも夫が支払っていくけれど、家には妻が住み続ける」というものです。

ただし、夫の住宅ローン返済が滞った場合は、突然競売の通知がきたり、知らないうちに勝手に売却されてしまい、急に退去させられる、などというリスクもあります。また、妻が連帯保証人・連帯債務者になっている場合は、妻がローン残債の一括返済を求められます。

八方塞がりともいえるようなこの**オーバーローン状態が、「離婚破産」に陥るいちばんの原因**なのです。

7

自己破産したら人生はどうなってしまう？

借金に苦しむ人を救済し、経済的再生の機会を与える制度

住宅ローンが払えなくなった場合の最終手段は、法的な「債務整理[*1]」。すなわち**「自己破産」**です。自己破産というと、人生に大きな〝ダメ〟の烙印を押されたような気持ちになりますが、すべての場合がそうだとはいえないと、私は思っています。

自己破産は、**返済が不可能な債務に苦しむ人を救済し、経済的再生の機会を与える法的な制度**なのです。

もちろん、破産するためには財産があってはできないので、家や車、有価証券、貴金属など20万円以上の価値のある財産はすべて処分され[*2]、債権者に配当されます。預貯金も処分の対象

ですが、99万円以下の現金については当面の生活費として対象外にすることができます。

不動産を担保にお金を借りている金融機関からは「競売申立」の通知が届くと思いますが、競売では一般的な不動産売買の相場の6~7掛程度の金額で落札されてしまう可能性が高く、これについては、**相場の金額で売却できる「任意売却」**を行うことをお勧めします。任意売却については56ページで詳しく説明します。

これ以外にも、自己破産のデメリットとしては、信用情報機関[*3]に通知されるためブラックリスト[*4]に登録され、5~10年くらいは新規の借り入れができなかったり、クレジットカードが作れなかったりします。また、政府発行の官報への名前の掲載、及び本籍地の破産者名簿に記載されますが、これらはいずれも、一般の人が目にすることはありません。もちろん、戸籍謄本や住民票に破産の記録が記載されることはありません。

「破産」というと、まるでこの世の終わりのような絶望感すら漂う言葉に聞こえますが、自己破産したことはほぼ誰にも知られることなく、破産前とほとんど変わらない生活を送ることができるのです。避けられるのなら避けるべきだとは思います。でもその一方で、自己破産は**「再生への第一歩」**と考えても構わないのではないかと思っています。

自己破産のメリット・デメリット

メリット
免責が得られれば、借金がなくなる（税金等は除く）。
精神的に楽になれる。
過去の負債が合法的にリセットできる。
負債を相続人に残さないですむ。
最低限の生活は守られる。
債権者からの連絡等はすべて代理人（弁護士）が受けるので督促等を受けなくてすむ。

デメリット
官報（国の広報紙、国民の公告紙）に名前と住所が掲載される（ただし、一般の人が見ることはまずない）。
クレジットカードが使用できなくなる。また、新たにローンが組めなくなる（約5〜10年間）。
信用情報機関に破産の事実が登録される（ブラックリストに載る）。
資産（家など）を手放さなければならない。
一定の仕事に就くことができない。資格の制限を受ける（免責が得られれば問題ない）。
連帯保証人に迷惑がかかる。

＊1　債務整理には自己破産、個人再生、任意整理、特定調停などの種類がある。自己破産は、支払い能力がないことや免責を許可できない事由がないことが裁判所に認められれば免責となり、債務はゼロになる。

＊2　東京地裁の基準。取り扱いは裁判所によって異なるので、かならず弁護士に相談のこと。

＊3　信用情報機関は3つあり、ネットワークシステムでつながっているため〝情報〟は共有されている。債務者自身でも、郵送、インターネット、窓口などで確認できる。3つの機関は『全国銀行個人信用情報センター』（銀行系）、『株式会社シー・アイ・シー』（信販、クレジット系）、『株式会社日本信用情報機構』（消費者金融系）。

＊4　金融機関や信販会社は顧客の利用状況を信用情報機関に登録することを義務づけられているため、滞納などの事故が生じると、その記録は信用情報機関に登録される。これがいわゆる「ブラックリストに載る」ことだが、実際に「ブラックリスト」という名のリストがあるわけではない。登録記録は、ケースによるが5〜7年で抹消となる。

第2章

「離婚」と「家」で破産しないために!

実例から学ぶプロのテクニック20

ケース
01

離婚に際して、親の出してくれた頭金を取り戻したい。

N子さん（48歳）

平成15年に埼玉県に土地を購入したN子さん。その土地に家を建てるときに、N子さんの父親が1500万円の頭金を出してくれました。夫はエリートサラリーマンだったので、残りの3500万円を夫が住宅ローンを組み、**共有持分7（夫）：3（妻）**にして、総額5000万円の家を購入しました。

ところが、次第に夫の暴力がひどくなります。対外的には温厚な人でしたが、いわゆる内弁慶。自分の思い通りにいかないことがあると、しばしばN子さんに殴る蹴るの暴力をふるいました。経済的に困るようなことはありませんでしたが、暴力に耐えることができなくなり、N子さんは離婚を視野に入れるようになります。

少しでも離婚を有利に進めるため、夫から暴力を受けるたびに医師から診断書を取っておいたN子さんは、ある程度の証拠が揃った段階で、夫に離婚話を持ちかけました。結婚15年目のことでした。

しかし、夫は「世間体が悪い」などと、なかなか同意せず、とうとう裁判にまでもつれ込むことになってしまいました。

父親が出した頭金は1500万円

結局、離婚は成立し、N子さんは子供を連れて家を出たのですが、大もめにもめたのが財産分与です。

慰謝料は150万円と、夫の収入からするとかなり低い金額です。またオーバーローン（債務超過）でもなかったので、なんとか財産分与で取り戻したいというのがN子さんの気持ちです。

ただ、そのときは離婚したいという一心だったのと夫の暴力が怖かったので、家の名義もそのままに、金銭の請求もせずに放置している状況でした。でも少し落ち着いて考えてみると、

N子さんの父親が1500万円もの頭金を出しているわけですから、**「せめて親のお金の分だけでも取り戻したい」**と、私に相談に来られました。

N子さんのように、親の出した頭金を取り戻したいという相談はよく受けるのですが、**家の価値が購入時よりマイナスになっている場合**は、親が出した頭金は無価値になってしまうこともあります。

N子さんの家の場合は、それほど価値は下がっていなかったので、あきらめ切れない気持ちもよくわかります。

夫は早くケリをつけて自分だけの名義にしたい。けれど、できるだけN子さんにお金を払いたくないという主張です。

感情はひとまず横に置く

しかし、すみやかに縁を切りたいという点では、二人の意見は一致しています。そこで私がN子さんに提案したのは、**「妻の共有持分を、夫に売却する」という方法**です。つまり、**「元夫**

婦間での持ち分の売買」です。

ここで問題になったのが売買代金です。妻側はもちろん高く売りたい。夫側は安く買いたい。元夫婦の間に入り個別交渉をしていきました。

妻側は「親の出した頭金1500万円を取り戻したい！」、夫側は「俺がローンを組んで、これまで支払ってきているんだから安く買いたい！」と、双方の意見は真っ二つに分かれています。お互いの意見を聞いているだけでは話は進みません。

ここは、**お互いの感情はひとまず横に置いてもらい**、現実的な話をしました。

まずは、現在の物件の価値を査定しました。築12年ですが建物もきれいに使用されており、場所も駅から徒歩10分圏内。間違いなく4000万円で売れる物件でした。これを持分7：3で分ければすっきりするのですが、問題は住宅ローンが1800万円残っており、その債務者は元夫。そして、今後も支払っていくのは元夫ということでした。

元夫からは、ローン残高は差し引いてほしいという要望があり、それが可能なら7：3で夫婦間での売買に応じると言います。

4000万円からローン残高の1800万円を差し引いて2200万円。それを7：3で分けるとN子さんの取り分は660万円となります。N子さんに説明すると、「あの夫からお金を支払うという言葉が出ると思わなかった」とのこと。頭金の1500万円はあきらめて、きれいにケリをつけることになり、660万円での**共有持分の売買**を行うことになりました。

元夫からは、

「ずっと元妻の名義が入っていたのでひっかかっていた。でも直接話をすると感情的になってしまい、ぜんぜん進まなかったのでよかった。これで自分の家として残していくことも、自由に売ることもできるようになった」

N子さんからは、

「ずっと親の頭金のことだけが納得がいかなかった。でも夫と直接話をすることが怖くて、そのまま塩漬けにしていた。自分の名義が入ったままの状態が不愉快だったが、**お金も返ってきて名義も抹消することができ**、すっきりした気持ちで再スタートが切れます。本当にありがとうございました」

と、双方から感謝されました。

Aiko's eye

離婚に直面している夫婦が直接話をすると、感情論になってしまいがちです。さまざまな手続きや問題を一気に解決しなければならず、精神的な負担も計り知れません。特に共有名義を外す、外さないでもめるケースが多いのですが、早くすっきりと再スタートを切るために、不動産の名義等はしっかりと確認&整理することが大切です。

名義変更等は専門的な知識も必要なので、夫婦間で問題が解決しない場合は第三者を入れることをお勧めします。弁護士を入れるのが一般的ですが、費用がかかるという場合は知人でも親族でもよいと思います。

ケース
02
家に妻が居座って売却できない。「感情」と「理性」、どっちを取るべきか？
Kさん（49歳）

平成13年に、千葉県に2580万円で一戸建てを購入したKさんは、上場企業のエリートサラリーマンでした。妻と子供2人の4人家族でしたが、妻は専業主婦だったので、物件は**Kさんの単独名義、単独債務**でした。

しかし、4年前に離婚話が持ち上がりました。原因はKさんの浮気です。子供2人は妻の元へ。住宅ローン月10万円と養育費月4万円を支払うことで合意し、離婚が成立しました。

その後、Kさんは転職して再婚し、子供も生まれました。ところが、家族が増えたことに加え、転職で以前より収入が減ったこともあり、だんだん養育費を支払うことが厳しくなってきたのです。もちろん、元妻からは再三の催促がありますが、支払える状況にありません。そしてとうとう、住宅ローンの支払いができなくなってしまいました。

そうした現状に、いまの妻との仲も悪くなり、Kさんは精神的に追い込まれていきます。ローン会社からの督促も、現実から逃避したいがために、放置してしまいました。するとある日、競売の申し立てがきてしまったのです。

「**お金じゃない。夫を困らせたい**」

ここまでくると、元妻の怒りも爆発です。さすがに放置し続けることはできず、でもどうしてよいかわからないKさんは、私のところに相談に来られました。

競売の申し立てがきてしまうと、それを**取り下げてもらうにはローン残高を全額一括で支払うか、競売を申し立てた金融機関と交渉して任意売却をする以外に方法はありません**（任意売却については56ページの解説も参照）。

Kさんのローン残高は1500万円。一括で支払う余裕などありません。

そうなると方法は金融機関との交渉しかないわけですが、調べてみると、Kさんの家は1800万円以上で売れる物件のようだということがわかりました。

任意売却すればKさんの借金もなくなり、元妻に引っ越し費用や多少の余剰金を渡すことができます。Kさんとしても、元妻に迷惑をかけていて申し訳ないという思いが強く、なんとか売却をしたいということになりました。

ところが、納得がいかないのは元妻です。不動産を売却するには物件の内覧が必要ですが、元妻は「絶対に内覧はさせない」の一点張り。Kさんから元妻に連絡しても、激怒していて話になりません。

退去してくれるという確約が取れないと、売ろうにも売れなくなってしまいます。また、競売は申し立てられてから入札があって、他の人に所有権が移るのに約6カ月間しか時間がありません（競売の流れについては109ページ参照）。安く売られてしまえば、Kさんには借金が残り、元妻のところにも1円もお金が入らないのです。出て行かなければ、強制的に退去させられることにもなってしまいます。

Kさんに交渉してもらっても話が進まないので、私が元妻のところへ行って事情を説明しました。そうしたところ、彼女の不満がさらに爆発――。

「ずっと養育費を払わない上に、自宅は競売になったようで裁判所が見に来たり、不動産会社が押し寄せてくるんです！　冗談じゃありません！」
と、取りつく島がありません。

元はといえば、離婚の原因はKさんの浮気です。彼女の怒りも、もっともな部分はあります。そこで私は「奥さんは債務者ではないので借金はかぶりませんが、家が競売になり、借金が残ればKさんはとても困ります。それに、あなたにもお金は入ってきません。ここで売却に協力すれば、引っ越し代と多少の現金を得られるのです」と説明しましたが、元妻はこう言い切りました。

「お金じゃない。あの人を困らせたい。強制執行されても居座ります」

元妻の原動力は、自分が損をしてでも相手を困らせたいという嫌がらせ、仕返しへの強い執着だったのです。

理性を取ることが自身の利益に

このように、元配偶者への恨みつらみで片方が意地になるケースは決して少なくありません。

そんな問題が発生したときには、私は常に、**「感情と理性、どちらを取るのが有益ですか?」**と説得するようにしています。

元妻は債務者ではないので、家が競売になって借金が残ることで困るのはKさんです。それによって元妻の「感情」は満たされるかもしれませんが、一方でお金は1銭も入ってきません。元妻がここで売却に協力すれば、引っ越し代と多少の現金を得ることができます。

ついつい感情に走ってしまうことが多いのが女性ですが、冷静に考えて**「理性」を取ることが自身の利益にもなり、その後の生活の基礎を固めるためにも有益な選択です。**何度かお話しさせていただいて、結局、このケースでは感情を抑えることができ、元妻は「理性」を選択しました。

幸い、家はすぐに1800万円で売却でき、余剰金の約200万円はすべて元妻の手に渡りました。彼女は近くの賃貸マンションに引っ越し、Kさんには、養育費の支払いだけは継続してほしいということを約束して、新たに公正証書を作成。借金がなくなったKさんは快く、今後の養育費の支払いを続けていくことを約束してくれました。

このケースは、最悪、競売になり、借金が残って養育費の支払いなどできなくなっていたかもしれません。このような場合では「理性」を取ることが多いですが、どうしても納得しきれずに「感情」を取ったケースもご紹介しましょう。

どうせ払えないなら借金で困ればいい

Tさん（55歳）は、平成10年に、東京郊外に4500万円のフルローンでマンションを購入しましたが、その後、離婚。妻と子供がマンションに残りました。離婚原因はTさんの浮気でした。

慰謝料も払い、住宅は財産分与で妻名義に。債務者は自分一人なので、月16万円の住宅ローンはTさんが払っていくことで合意しました。ところが、リーマンショックの影響でTさんの収入が大幅ダウン。住宅ローンの支払いが厳しくなり、ついに滞納してしまったのです。

ローン残高は3500万円。すぐに売れば、3700万円ぐらいで売却できるマンションです。「ブラックリストに載る前に売却し、お金が残れば元妻にすべて譲渡して引っ越し費用にあてる」という提案をしましたが、**元妻は断固拒否**しました。
そして、とうとう住宅ローンの滞納が6カ月になり、保証会社から代位弁済（債務者が支払えなくなった場合に、保証会社が代わりに金融機関に支払うこと）予告通知と一括請求（代位弁済で肩代わりされた分を一括で返済せよ、という請求）予告通知が届きました。このままでは、競売になることは避けられません。

Tさんは再三、元妻に連絡しましたが、過去のことへの恨み節ばかりで話になりません。不動産会社に売却を依頼するも、元妻は内覧を拒否。売ろうにも売れず、とうとう一括請求になってしまったのです。Tさんが私のところに任意売却の相談に来られたときには、もう競売寸前の状況でした。

私が元妻のところに行っても断固として無視を貫かれましたが、何度か足を運び、状況を知らせる手紙を送り続けたところ、やっと「話を聞いてもよい」というところまで態度が軟化しました。そこで元妻のところへうかがうと、私に向けても、Tさんへの恨み節が炸裂し、そして、こう言いました。

「どうせお金が払えないなら、**元夫がブラックリストに載って競売になって、借金も残って困ればいい。**自分たちは任意売却に協力するつもりもないし、競売で落札されるまで居座り続けて、ギリギリのところで引っ越しをするのでいいんです」

つまり、元妻は**「感情」を取った**わけです。結局、売却すれば全額返済できる物件だったにもかかわらず、延滞金も膨らんで競売費用もかさみ、競売落札価格３３００万円、延滞金３５０万円、競売申し立て費用１００万円で、**Tさんには６５０万円の借金だけが残りました。**

売却ができれば借金もなくなり、元妻にも現金を渡せたのですが、女の感情を甘く見てはいけないということです。

Aiko's eye

協議離婚で離婚し、住宅ローンや養育費の取り決めをしても、その後の長い人生で状況が変わるのはよくあることです。特に住宅ローンは金額が大きいので、払えなくなると一気に破綻に追い込まれてしまいます。

問題は、払えなくなってしまったときの対応だと思います。どうしても感情論になってしまい、当事者同士だと話にならないことが多いものですが、お互い感情が先走ってその後の人生に影を落とすより、第三者を入れて冷静な判断をすることが大切だと思います。

任意売却とは？

　離婚などの理由で住宅ローンが払えなくなったとき、家を売却して解決できればいいですが、問題は債務超過（オーバーローン）の場合です。

　住宅ローンは不動産に「抵当権」という担保権を設定しているので、この抵当権を外さなければ売却はできません。そして抵当権は、借り入れている住宅ローン残高を全額返済しないと外すことはできないのです。

　ただし、オーバーローン分が数百万円になってしまうことは往々にしてあるため、それは一括で払えない、という状況に陥ります。住宅ローンも払えないし、売却するにもオーバーローン分は一括で払えない。そんな状態で住宅ローンの滞納が続くと、住宅ローン残高の全額が一括請求となってしまうのです。

　オーバーローン分も払えないのに、全額一括で返済など、到底不可能——。そうなると、住宅ローンを貸している金融機関はその不動産をお金に換えて回収するしかなくなり、裁判所に競売を申し立てます。つまり、家は法の力で取り上げられてしまうのです。

◉金銭的にも精神的にもメリットが多い

　競売になると、市場価格の６～７掛程度で落札されることも多く、そうなると、結局借金は残ります。

　住宅ローンを借りている金融機関の合意のもとで、「全額一括返済ができなくても市場価格で売却できる方法」が任意売却です。左ページの「任意売却の流れ」も参考にしてください。

　もちろん、オーバーローンの場合は任意売却後も住宅ローンの残債が残りますが、債務が残ったままでも、金融機関の合意を取れているため抵当権が外れ、売却が可能になります。強制的に家を売られてしまう競売よりは、自ら売却ができますし、金銭的にも精神的にもメリットが多い売却方法です。

「一括返済は無理。競売も嫌だ」という場合に、任意売却で最大限高く売って、再スタートを切るという方にお勧めです。ただし、任意売却にもデメリットはあります。残債の支払い義務はローンを完済するまでありますし、ブラックリストに載ってしまうことがほとんどです（58ページ参照）。

任意売却の流れ

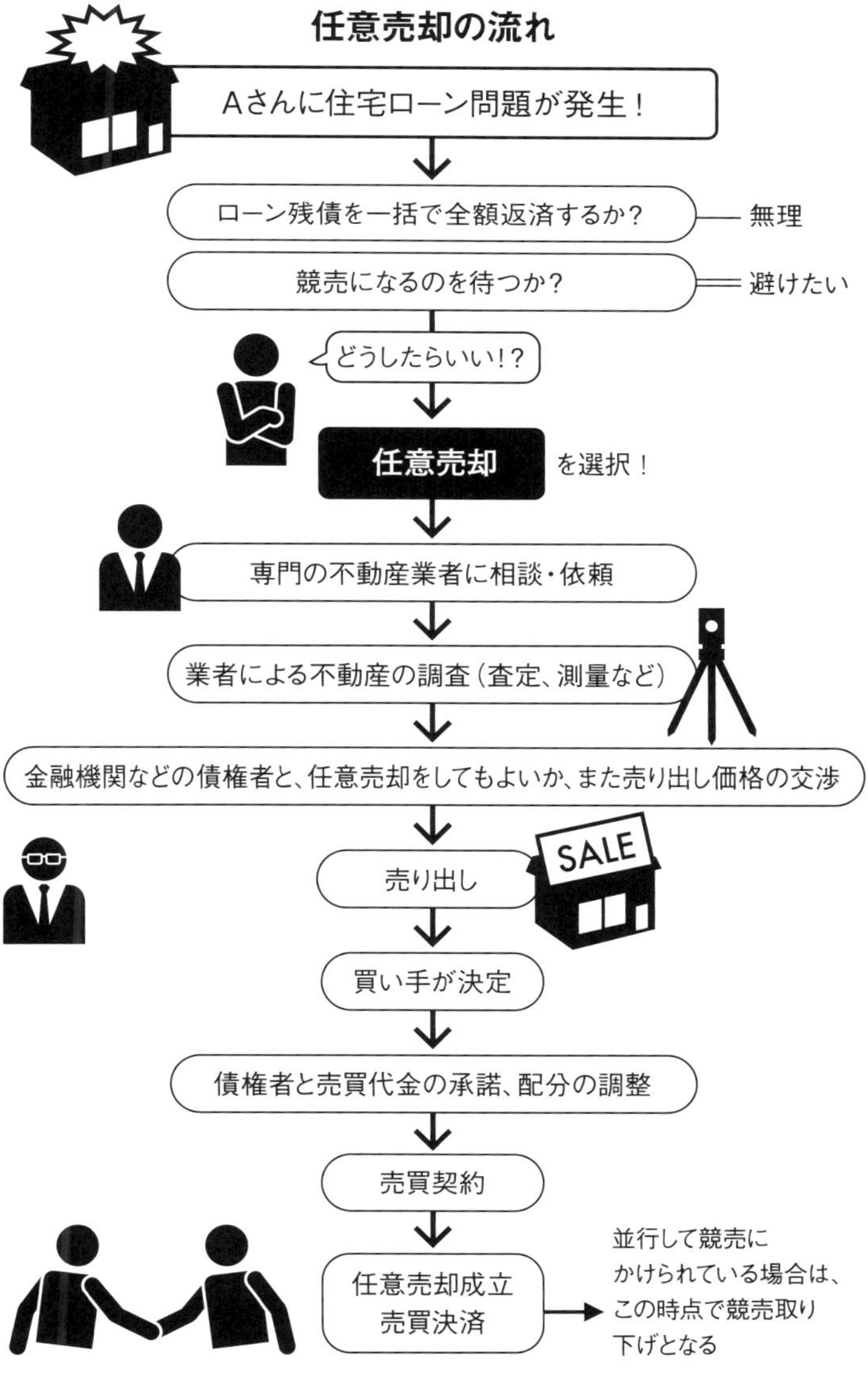

Aさんに住宅ローン問題が発生！
ローン残債を一括で全額返済するか？
無理
競売になるのを待つか？
避けたい
どうしたらいい！？
任意売却
を選択！
専門の不動産業者に相談・依頼
業者による不動産の調査（査定、測量など）
金融機関などの債権者と、任意売却をしてもよいか、また売り出し価格の交渉
売り出し
SALE
買い手が決定
債権者と売買代金の承諾、配分の調整
売買契約
任意売却成立
売買決済
並行して競売に
かけられている場合は、
この時点で競売取り
下げとなる

任意売却のメリット・デメリット

メリット	
高値で売れる可能性がある	市場価格とほぼ同等の金額で売却できるので、残債を減らせる可能性がある。
売却後、手元に資金が残せる	引っ越し代、当座の生活資金として20〜30万円が受け取れるよう、債権者と交渉できることもある。さらに別途、再出発資金を残せることも。
無理のない返済計画	残債を無理なく返済できるよう、金融機関と相談できる場合が多い。競売と違い、債権者の印象も悪くない。
引っ越し時期、引っ越し先	時期も行く先も、相談して決められる。不動産業者によっては、引っ越し先の紹介や手配もしてくれる。
周囲にバレることがない	任意売却の場合の売り出し方法は通常の不動産売買と同様のため、近所の人や知人などに「任意売却」であることはわからない。精神的負担が軽減される。
売却後、住み続けることも可能なことがある	セール&リースバックや親子間売買などで、任意売却後も住み続けることや、事業所として使用することが可能な場合もある。

デメリット	
残債が残る	支払い方法は未定だが、残債は任意売却後も支払っていかなくてはならない（法的整理の場合は別）。
信用情報に傷がつく	個人信用情報機関に通達が行くため、いわゆる「ブラックリスト」に載る。新たにローンを組んだり、クレジットカードの作成が、ある一定期間できなくなる。

ケース
03
ローンを滞納したまま名義人である夫が失踪！自宅は競売、このまま母の家も？

M子さん（45歳）

住宅ローンの債務者である夫が行方不明に――。そんな話も、決して珍しいことではありません。

そうなると、ローンは残された家族が返済し続けるか、連帯保証人に降りかかるかで、払えなければ一括請求、家は競売になってしまいます。でも、債務者が行方不明になって困ることは、それだけではありません。実は、共有名義になっている不動産は、**「共有する人」の同意がなければ売ることもできない**のです。

M子さんの場合もそうでした。

東京郊外に３５００万円でマンションを買ったのが15年前のこと。当時、夫は中小企業に勤めるサラリーマンで、収入も安定していました。しかし購入した頃は二人ともまだ若く、M子さんは専業主婦で用意できる頭金が少なかったため、**夫の母親の家を共同担保にして、住宅ローンを組んだ**のです。夫はいい夫であり、いい父親。夫婦間のもめごともなく、どこから見ても幸せな家庭でした。

「名義人が失踪」で起きること

ところがマンションを購入して2年後、夫は会社を辞めて、ＩＴ関連のベンチャー企業を立ち上げました。M子さんは、安定した生活が崩れるのではと不安を抱きましたが、夫の意志は固く、事業計画もきちんとしていたので、みんなで夫の新しい船出を応援しました。

夫の事業は最初こそ利益も出ていましたが、それでも会社員時代に比べると収入は激減。そのうちに事業が行き詰まってしまいます。借金も増え、住宅ローンの返済も滞るようになりました。そうなると夫婦仲も悪化。夫が家に帰らない日も多くなってきました。

そうこうしているうちに夫が失踪してしまったのです。捜索願いを出しましたが、行方はわかりません。すると、金融機関から、共同担保の持ち主である夫の母親の元に、ローンの返済請求が届きました。担保権が設定されている以上、**残債を一括で返済しないと競売は避けられません。** マンションを売却して返済しようにも、名義人である夫の承諾がないと売ることもできないのです。もちろん任意売却もできません。

夫の母親は、自分の息子の不始末だからと自宅を売却して、M子さんたちが住むマンションの住宅ローンの返済にあてようとしましたが、なんと、母親名義のその家は、**失踪した夫が父親から相続を受けて、2分の1の名義を持っていることがわかった**のです。こうなれば、母親の家も、失踪した息子の同意がないと売却することができません。

八方塞がりになって相談に来られたM子さんは、すっかり落ち込んでいました。「夫のお母さんと私で、あちらこちらからお金を集めてローンを払っていたのですが、もうどうしようもなくなりました」と大粒の涙をこぼしました。

この場合、マンションが競売になることは避けられませんでした。マンションは失踪した夫の名義のため、夫がいないと売却ができません。競売で処分することしかできないのです。でも、たとえマンションが競売になっても、それでローンの残債を全額返済できないとなると、母親の家もいずれは競売になってしまいます。

そこで債権者に、母親の家を競売にしないでほしいと、M子さんと母親と一緒にお願いしました。逆に、マンションのほうは早急に競売にしてもらい、1700万円で落札されました。残債は延滞金等を合わせ600万円になりましたが、それを分割払いすることで合意し、母親の家を競売するのは待ってもらうことができました。

しかしそれは一時しのぎに過ぎないかもしれません。高齢の母の家を競売にかけるのだけは避けたい。とにかく、夫が見つかることを祈りながら、必死でがんばるM子さんです。

失踪宣告を受けるには7年かかる

不動産は、名義人がいないと厄介なことになる最たるもののひとつです。

離婚などで共有名義人が行方不明の場合、物件の売却はできるのでしょうか。

不動産の売買には所有者の意思確認が必要なため、「持分売買」でなく**「不動産を全部売却する」場合には、共有者全員の合意と意思確認が必要**となります。そのため、共有者が行方不明だと不動産の売却はできません。

行方不明や失踪の期間が7年間経過している場合、**裁判所に「失踪宣告」を出してもらうことを申し立て、それが認められればその人は死亡したことになるので、**相続人が相続して、相続登記をすれば売買をすることができます。ただし、離婚の場合は相続権がなくなるため、相続人と話をして売却をしなくてはなりません。しかも、ローン問題などが介在していると7年という時間はとても待っていられない場合がほとんどです。結果、競売が避けられないことにもなります。

このような場合は、**「不在者財産管理人」**という制度を使って売却が可能となるケースがあります。

不在者の財産管理人を家庭裁判所に選任してもらい、財産管理人が権限外行為を行う許可を裁判所からもらえれば、売買は可能となります。とはいえ、単に行方不明だから売りたいということで許可が出るかというと、そうはいかないのが実情です。また、売却の許可が下りたとしても、手続きには3カ月から1年ほどかかるため、任意売却するには間に合わないケースがほとんどです。

3年以上夫婦がともに暮らさず、失踪してどこにいるかわからない、生死さえもわからないという場合は、実質上夫婦生活が破綻しているといえるので、法的な離婚理由になります。ただ、これは「音信不通であり、生死もわからない」という状況が3年以上続いていないと成り立ちません。このような「3年以上生死不明」という理由で離婚する場合は、協議もできないため調停も省略され、いきなり離婚裁判になります。

相手方がいない裁判ですので、裁判所で公示送達をするなどの手続きはありますが、法的に離婚が成立する方法となります。

Aiko's eye

M子さんのケースは夫の失踪という深刻な例ですが、失踪以外でも「離婚した元夫（妻）と連絡が取れない、連絡先がわからない、着信拒否されている」という方はとても多いのです。離婚した相手との縁はキッパリ切りたいものですが、共有名義や連帯保証、連帯債務で不動産を所有している場合は、相手の住所や連絡先を確保しておくことはとても大切です。いざというときに連絡が取れるようにしておきましょう。

ケース
04
前妻にローンと養育費の支払いを継続し、いまの妻との住宅ローンが組めない。

S子さん（32歳）

夫は上場企業に勤務する50歳のエリートサラリーマン。15年前に離婚し、20歳近く年下のS子さんと再婚しました。相談があったのは、再婚相手のS子さんからです。

新婚だし、憧れの新築タワーマンションに住みたい。夫の収入も十分に支払い能力がある。しかし、夫はなかなか首を縦に振ってくれないのだそうです。そこで調べてみると、夫が過去に離婚したときの公正証書が出てきました。どうやら離婚原因は夫にあり、元妻の要求をすべてのむ形での離婚のようでした。公正証書には、子供の養育費の支払いや、元妻が住むマンションの住宅ローンを支払うことなどの取り決めが記されていたのです。

それを知ったS子さんは、怒り心頭に発しました。これまで、養育費もローンの返済も滞ることなくきちんと支払ってきた夫は誠実だと思いますが、新婚のS子さんが、新居のローンが組めなくて憤慨される気持ちもわかります。

住宅ローンを残した状態で離婚し、新規に住宅ローンを組むことは不可能ではありません。しかし、こういった**「二重ローン」は、残債がない状態で住宅ローンを組むよりも、はるかにハードルは高くなります。**

二重ローンは、金融機関が現在の住宅ローンの残高や、新しい住宅ローンの借入金額、年収などを査定し、返済が可能と判断すれば借り入れることができます。しかし、ローンの総返済負担率は税込み年収で計算するので、実際の返済はかなり厳しくなります。S子さんのご主人の年齢では、おそらく審査が通らなかったのでしょう。

借り換えできれば連帯債務も解消

そこで私が提案したのが、**住宅ローンの借り換え**です。

連帯債務者である元妻が家に住み続け、主債務者である元夫が家を出て住宅ローンを支払うケースはよくあります。S子さんの夫もこのパターンでした。基本的にローンの名義は完済するまで変えることができませんが、ローンそのものを借り換えて、元妻の名義で別のローンを借りればよいのです。**新たにローンが組めれば、最初の住宅ローンは、借り換えによって完済される**ので、元夫婦が連帯債務者という関係も解消されます。

このケースではローンの残債も少なく、元妻も正社員で十分な経済力があったため銀行の審査に通りました。ただし、不動産の名義を妻に移し、残りの住宅ローンを妻に借り換えるには、残債の支払い能力があると金融機関が判断しないと難しいことがほとんどです。

元妻は、当初の約束と違うことに納得がいかない様子でしたが、いままで遅れることなく支払いを続けてくれた元夫に誠意を感じていたのと、家を完全に自分の名義にできることのメリットを考え、借り換えに協力してくれました。

そして、S子さんの夫は無事、新しい住宅ローンを組むことができ、S子さん夫婦はタワーマンションに住むことができるようになったのでした。

購入に際し、私はS子さんが当初予定していた予算よりも安い、中古のタワーマンションをお勧めしました。上場企業に勤めるご主人でしたが、元妻への養育費の支払いはまだ続いています。**無理をせずに十分に返済していける住宅ローンを組むのが安全策**と判断したのです。S

子さんも、そこは現実的な考え方になってくれ、納得の上でのマンション購入となりました。

Aiko's eye

これは借り換えがうまくいったケースです。元妻が借り換えを希望しても、勤務年数や収入、年齢などの条件を満たさないと住宅ローンの審査は通りません。専業主婦やパート収入の方が不動産を担保に住宅ローンを組みたい、借り換えたいと相談に来られることも多いのですが、安定した収入がないとまず難しいです。

S子さんのように、離婚経験がある人と結婚する場合は、過去の住宅ローンの有無などを確認したほうがよいでしょう。マイホーム購入を夢見ていたのに、過去の住宅ローンが残っていて組めないという状況は実際にあるのです。

ケース
05

元夫のローンだけ滞納し、一括請求に。最後はセール&リースバックで大団円!

A子さん(57歳)

A子さんは独身。医療関係でバリバリ働くキャリアウーマンです。千葉県内に、親から相続した30坪の土地を所有。この土地は妹さんとの共有名義で、そこに家を建て、妹家族と一緒に住んでいました。妹は専業主婦なので、家は**A子さんと、妹の夫が別々のローン**を組んで建てました。

A子さんは真面目な人ですから、きちんとローンを支払っていましたが、妹の夫は支払いが遅れたりすることがありました。元々ちゃらんぽらんな人で、転職を繰り返したり無職の時期もあったという夫。そのような状態が続いたため、妹夫婦の仲は最悪の状況でした。そして、夫のローン返済が滞ってしまったのです。

銀行からは一括請求の知らせが届きました。それを見た妹は大憤慨です。そして妹夫婦は、このことも原因になってとうとう離婚。そのとき妹は、

「夫のせいでこんなことになって、もう夫の名前なんか見たくもない！」

と、**家の名義の夫の分を、自分の長女の名前に勝手に変更してしまった**のです。

2500万円の物件が500万円の借金で競売に

ローンの残債は約500万円。家は、売却すれば2500万円くらいになる物件でした。何とかしなくてはと、A子さんは500万円を借金しようとしましたが、金策がうまくいかず、そうこうしているうちに、「土地と建物一括で競売開始」の通知がきてしまったのです。


ローンは、妹の元夫の債務だけが滞納されている状況でした。でも**物件の担保は土地建物全部につけられています。**そのため、競売になるときはそのすべてが一括で競売になってしまうのです。妹の元夫の債務のせいで、これまで真面目に滞納なく支払ってきたA子さんの債務も一括請求になります。

「たった500万円のことで、親から受け継いだ土地まで取られてしまうなんて！」

途方に暮れたA子さんは、私のところに相談に来られました。

2500万円の物件が、残り500万円のローンのせいで競売になってしまうなど、納得できない理由はよくわかります。売却したくないというA子さん姉妹の思いを汲《く》んで、私はローンの組み換えを考えました。

ところが、競売の差押えがついてしまっているという事実とA子さんの年齢から、銀行に断られてしまったのです。

それでもあきらめず、不動産担保のローンなら組めるのではないかと打診したところ、**「A子さんが妹の長女の持ち分を買うための持分売買に対するローン」**（つまり、A子さんが長女の持ち分を全部買い取るので、そのためのローンを組む、ということ）で見事にOKが出ました。出たのですが……今度は、離婚当時、妹が**「感情」優先で無理やり長女に名義変更したことが仇《あだ》となってしまった**のです。

実は、この長女には先天的な精神障害があったため、ローンの審査が通らないことが判明したのです。そこでA子さんを成年後見人に立てるため、家庭裁判所に申し立てをしました。最短で審査を進めてもらい、約2カ月でA子さんは長女の後見人になることができました。

ところが、さらにトラブルは続きます。そこから次の問題が生じたのです。

「長女の持ち分をA子さんに売却する」という許可が、家庭裁判所から下りなかったのです。

A子さんは長女の後見人であるため、後見人（A子さん）が自ら、被後見人（長女）の所有物を売却するということが認められず、また、なぜ不動産担保ローンを組んで売却するのか、ということが理解されなかったのです。上申書をつけて説明しましたが、売却許可は下りず、不動産担保ローンは断念せざるを得ませんでした。

入札1カ月前で競売取り下げに

その間にも、競売の話はどんどん進んでいきます。

そこで、改めて私が提案したのが**「セール&リースバック」**という方法です（76ページの解説も参照）。

セール&リースバックとは、**不動産投資家などの第三者に家を購入してもらい、売り主と、買い主であるその第三者との間で「賃貸借契約」を結ぶ**方法。ゆくゆく、売り主と第三者との間で買い戻しの特約（バイバック）を結ぶことも可能です。
この方法ならば、第三者に売却するということですから、家庭裁判所の許可も下りるのではないかと考えたのです。

まず、買い主となる不動産投資家を探すことが第一となります。

・妹の元夫の残債は500万円（延滞金が膨れたのと競売申し立て費用で最終的には約600万円）である。
・A子さんの債務も、差押えにより一括請求になっていたので残債は600万円である。
・右の合計1200万円の債務と、それに加え売却経費が約70万円かかる。
・これらを合算した1270万円以上で買ってくれる不動産投資家を探す必要がある。
・セール&リースバック後、A子さんと妹家族が無理なく支払っていける家賃は12万円である。
・土地建物をかならず残したいという強い思いから、将来的な買い戻し（バイバック）は絶対条件になる。買い戻しをする長男（当時大学1年生、未成年）が就職してローンが組めるようになるには、最低5年が必要なため、バイバックまでには5年の期間が必要である。

という条件で、投資家を探しはじめました。

相場は2500万円だったので、「1300万円で購入し、家賃は月額12万円。買い戻しは5年後」という希望通りの条件で投資家がすぐに見つかりました。家庭裁判所の許可も取り、**競売入札まであと1カ月というタイミングでセール&リースバックが成立。**競売を取り下げることができました。

妹さんの長男の、「将来、僕がかならず買い戻します！」という力強い言葉がとてもうれしかったです。

投資家も今回の状況を十分理解した上での投資となり、絶対に買い戻してほしいという思いを持って力を貸してくれました。もちろん投資としても条件がよかったので、お互いにメリットのある事例となりました。

Aiko's eye

A子さんのように別々のローンを組んでいても、担保は土地建物全体につけられているため、ひとつが支払い不能であれば〝事故〟になり、差押え等が入るとすべてが道連れになりかねません。今回のケースは姉と妹家族という二世帯同居だったので、別家計は仕方がないですが、住

宅ローンの支払いをきちんとしているかなどは確認しておいたほうがよいでしょう。

また、感情的になって安易に名義変更をすることは危険です。それが贈与と見なされ、贈与税が発生するというトラブルにつながることもあります。不動産の名義がいかに大切かを考え、慎重に行いましょう。

セール＆リースバックとは？

家や事業所を売って（セール）売却代金を受け取り、その後は買い主（投資家）に賃料を支払ってそのまま住み続ける（リースバック）手法のことです。

普通は家を売却したら出て行かなくてはなりませんが、なんらかの事情で売却後もそのまま住み続けたい、事業所を使いたいという人には合理的な方法です。

ただし、債務超過（オーバーローン）の場合の任意売却のときは、債権者の納得のいく売買代金で取り引きをすることが重要となり、債権者の承諾が不可欠です。また、債権者をあざむくような売買になると詐害行為などで訴えられるケースもありますので、注意が必要です。

買い取り金額、家賃等は買い主との応相談になります。身内や知人などに買ってもらうことも可能です。ただし、任意売却の場合は親族間売買が認められないこともあります。

◉ゆくゆくは買い戻すこともできる

「一旦買い取ってもらうけれど、数年後に買い戻しをしたい」などの希望がある場合は、「買い戻し優先権」付きの契約にすることで、数年後に買い戻しをする権利が得られます（バイバック）。

この方法なら、売り主は引っ越しをすることなく、いまの家や事業所を使い続けながら資金調達ができ、債務を返済できます。買い主にとっては、はじめから賃借人がついている物件となるため、安定した賃料収入が見込める投資となりますし、数年後に買い戻しという契約にするならば、賃料収入（インカムゲイン）と売却収入（キャピタルゲイン）が短期間に得られる手堅い不動産投資になります。

売り主、買い主がそれぞれのメリットを最大限に、デメリットを最小限にすることを念頭に置き、それぞれの立場や状況に応じたプランニングを作成、マッチングさせ、成立させることが、セール＆リースバックを成功させるポイントです。

セール&リースバックの流れ

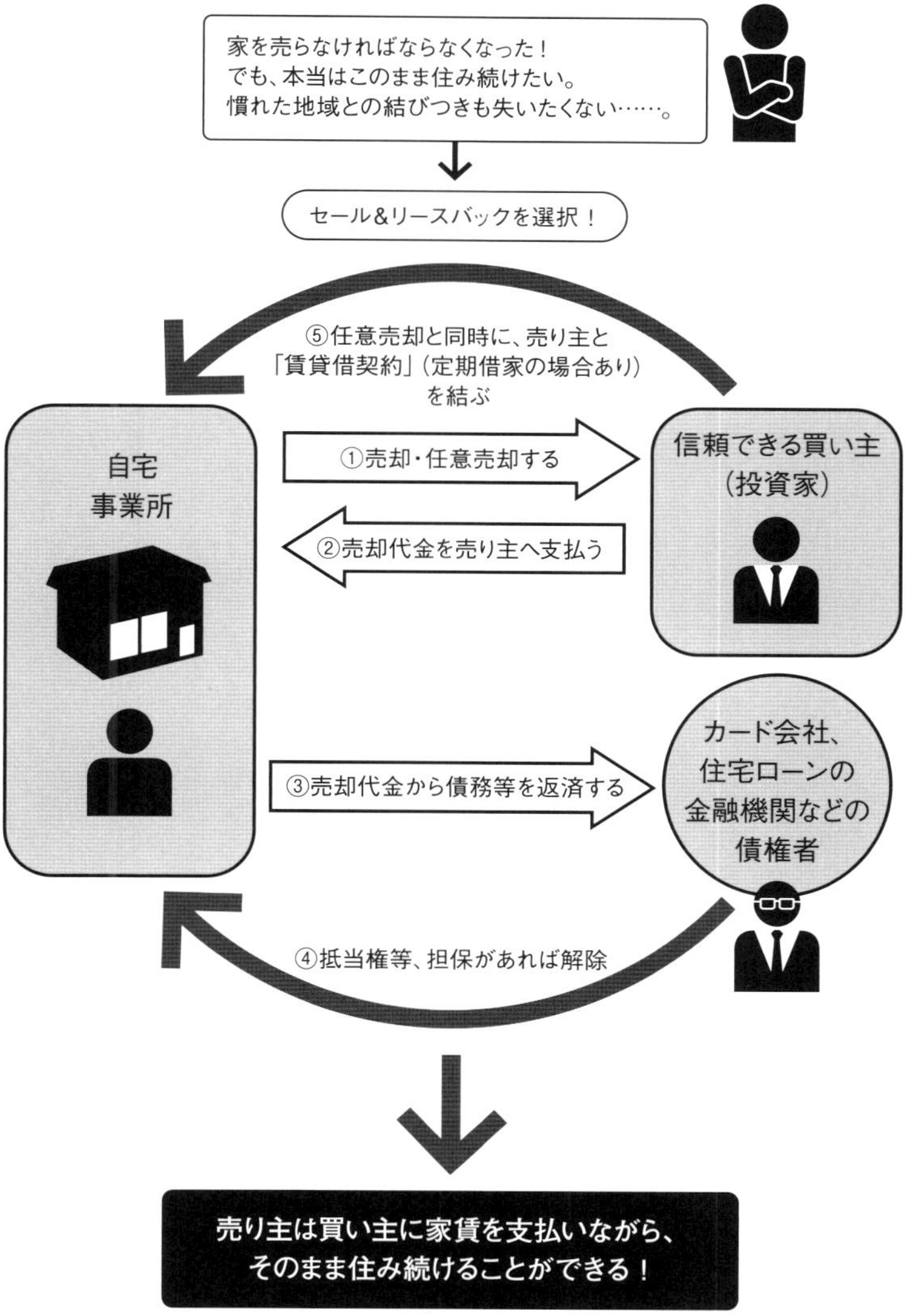
家を売らなければならなくなった！
でも、本当はこのまま住み続けたい。
慣れた地域との結びつきも失いたくない……。
セール&リースバックを選択！
⑤任意売却と同時に、売り主と
「賃貸借契約」（定期借家の場合あり）
を結ぶ
自宅
事業所
①売却・任意売却する
信頼できる買い主
（投資家）
②売却代金を売り主へ支払う
③売却代金から債務等を返済する
カード会社、
住宅ローンの
金融機関などの
債権者
④抵当権等、担保があれば解除
売り主は買い主に家賃を支払いながら、
そのまま住み続けることができる！

ケース

06

夫婦別会計だったため、夫のローン滞納を見逃し3900万円一括請求！

S子さん（45歳）

10年前に、東京都内に新築マンションを4500万円で購入。**住宅ローンの名義はS子さんの夫、債務もすべて夫**です。夫の仕事はシステムエンジニアで、収入が少ないながらも事務の仕事をしていたS子さんとは**夫婦別会計**でした。住宅ローンとマンションの管理費、修繕積立金、固定資産税は夫が払い、それに加えて生活費を5万円もらって残りはS子さんが出す、というルールでした。

娘が生まれたため、S子さんは一旦仕事を辞めましたが、一段落してパートで仕事を再開。会社員時代の貯蓄もあったので、特に生活に困ることはありませんでした。

ただ、S子さんには以前から気になることがありました。それは、夫の収入や蓄えなど、状況がまったくわからないということ――。その後、夫は転職しました。以前より帰宅時間は遅くなり、休日も仕事。家族との時間が徐々に減っていきました。そんななか、夫宛てに届く郵便物にカード会社の督促状のようなものが増えていったのです。気になりはしましたが、夫はお金のことを聞くのをとても嫌がる人だったので、何も聞けません。そのうち、生活費を入れるのも徐々に遅れがちになりました。

夫は仕事が忙しいと言い訳し、家に帰らないことも多くなってきました。S子さんも不満がたまり、夫に冷たく当たるようになって家でもほとんど会話をせず、家庭内別居状態になるのにそう時間はかかりませんでした。

突然の「3900万円一括返済」

これまで夫宛ての郵便物は絶対に開けることはありませんでしたが、ある日、住宅ローンを組んでいる銀行から配達証明で郵便が届いたのです。気になったS子さんが開封すると、それは、**住宅ローン滞納による「期限の利益の喪失」予告通知**でした。「期限の利益の喪失」とは、決まっている期限を越えて支払わなかった場合、それ以降は期限に関係なく一括で請求が生じる、ということを意味します。

通知にはこうありました。


「期限の利益の喪失予告通知」

お客様の住宅ローンのご返済につきまして、再三のご請求にもかかわらずいまだにお支払いがなく、長期にわたり延滞されていることはきわめて遺憾です。

つきましては、延滞金を〇月〇日までにお支払いください。

万一、期日までにお支払いがない場合は、貴殿との契約に基づき、期限の利益を喪失させ、貴殿に対し融資金残額を一括して返済するよう請求することになります。


なんと、夫は住宅ローンを6カ月間も滞納していたのです。通知の内容は、「毎月の住宅ローンは約15万円で、6カ月分の90万円をあと1週間以内に支払え」というもの。そうしないと、**ローン残高の3900万円を一括返済しなくてはならなくなる**、というのです。

驚きを通り越して怒りに震えるS子さんが夫に問いただすと、夫はこう白状しました。

「転職して収入が激減した。もともとは高収入のシステムエンジニアだったけれど、年を重ねるごとに労働状況が厳しくなり、追いつかなくなった。それでどんどん収入が減って支払いができなくなり、カードローンに手を出した。実は多重債務になっている」

夫は、貯金もまったくないとのことでした。S子さんも90万円を一括で支払う余裕はありません。このままだと「期限の利益の喪失」となり、ローン残高３９００万円を一括で返済する義務が生じます。「そんなこと、とてもできない」ということで、私のところに相談に来られたのです。

収入減を妻に言えなかった夫

相談者はS子さんのみでしたが、やはり当事者である夫との面談は不可欠です。S子さんがいては本音が聞き出せないだろうということで、夫と二人で話をしました。

もともと高収入だった夫は、収入が減ったことをS子さんに相談できず、一人で悩んできたようです。まずはS子さんに現状をすべて開示し、今後のことを話し合いました。

怒りの収まらないS子さんでしたが、夫がそこまで言えずに一人で悩んでいたということには、自分にも責任があると反省。６カ月分の一括返済は難しかったですが、銀行に相談し、

カ月分を一括で支払うということで「期限の利益の喪失、一括請求」は待ってもらうことができました。

今後、住宅ローンや管理費等を支払っていくのは、夫の収入からは厳しいということになり、マンションは売却をすることにしました。幸い、物件は人気のエリアにあったので、住宅ローン残高が全額返済できる金額での売却が成立しました。

S子さんは、一度は離婚を考えたのですが、踏みとどまり、家族で身の丈に合った生活をすることを決意。夫の収入で無理なく払っていける賃貸マンションに引っ越して、少しずつ、多重債務の借金を返済していくことになりました。

Aiko's eye

もともと高収入だった人の特徴は、収入が減っても生活レベルを落とせず困窮し、しかしそれを一人で抱え込んで多重債務に陥ってしまうケースが多いことです。それは本人だけが悪いとは言い切れず、妻に相談できない、したくない、という夫婦関係にも問題があるといえます。夫婦別会計の場合は、相手と懐事情を一緒にしたくないと思いますが、住宅ローンや子供にかかるお金などはオープンにしておくほうが、こういった事態に陥らずにすむのではないかと思います。

ケース
07

30歳の若夫婦が離婚。任意売却がデメリットになることも。

Uさん（32歳）

28歳で結婚したUさん。子供の誕生をきっかけに**夫婦合算で住宅ローンを組み、**千葉県に2980万円で新築一戸建てを購入しました。

35年のフルローンですが、低金利の時期だったので毎月の返済も9万円弱。夫婦どちらも公務員の共働きなので、迷いはありませんでした。

しかしその後、性格の不一致が原因で夫婦生活が破綻。離婚することになってしまいました。子供は妻が引き取ることになりましたが、問題になったのは二人で買った家です。

妻は実家に住むことになったので、Uさんがそのまま千葉の家に住み、ローンを支払っていくことになるのですが、実はこの家は、わざわざ妻の実家の近くを選んで購入したものなのです。

Uさんにとってはこの場所に一人で住む理由もなく、離婚した妻の近くに住むのも不愉快です。４ＬＤＫの間取りも、一人暮らしには広すぎます。しかし、家の査定は２５００万円。住宅ローンはまだ3年しか払っておらず、残債は２７５０万円弱。売却経費を入れると３００万円ほどの債務超過となってしまうのです。

残債等を一括で支払う余裕はとてもないので任意売却を検討しましたが、そこで、Uさんの前に大きな壁が立ちはだかりました。

まず、**任意売却することになるとブラックリストに載ってしまいます。**それ以前に、Uさんは住宅ローンを組んでまだ3年なので、実際は債権者から任意売却を認めてもらえないかもしれません。なぜなら、金融機関からすればそんなに早く不良債権になることは想定しておらず、**詐欺と受け取られることもある**からです。

そうなると、競売しか選択の道はありませんが、競売になっても無担保の残債が残り、それに対しての取り立てが生じます。お互いに債務者で公務員ですから、**給与の差押え等の強制執行手続き**も免れないでしょう。

清算の決断で人生をリセットする

まだ若い二人です。Ｕさんのケースでは、今後の人生を考えても任意売却は避けたほうが賢明だと進言しました。ただ、そうは言っても、二人にとってローンを支払い続けることも今後の人生の足かせになってしまいます。お互いに再婚のチャンスもあるでしょう。ともに**ローンと名義を抱えたままでは、第二の人生に影を落としてしまいます。**それならばと、いま苦しくても、ここでリセットする方向を選ぶことになりました

でも、債務超過分について新たにローンを組み直すことはできません。借り入れをするとしても、カードローンや消費者金融になってしまいます。それでも、任意売却してブラックリストに載ってしまうことを考えると、**高金利でも毎月返済して完済していくのがベスト**だと、Ｕさんと妻は合意しました。

家は２５５０万円で通常の売却ができたので、マイナス分は約２８０万円。幸い、妻側が全額を工面できることになり、Ｕさんは半分の１４０万円を、分割で毎月妻に返済していく形に

なりました。公正証書にも、負の財産分与として夫が養育費を含めて支払うことを明記。Uさんは、離婚の足かせになっていた家も無事に売却でき、新たな人生のスタートを切ることができました。

しかし、このようなラッキーなケースばかりではなく、債務超過のマイホームがあるばかりに離婚できない夫婦は少なくありません。持ち続けることで問題を何年も引きずるよりも、**手段を考え、思い切って清算するほうが残りの人生の実りは大きい**と私は思っています。

Aiko's eye

離婚のときは、今後も支払いが可能だと思う住宅ローンですが、支払いは最長で35年という長期にわたります。再婚や仕事の変化、収入の増減に、昔の住宅ローンが足かせとなることがあるのです。一度の人生を、一度の失敗であきらめたり、後でしわ寄せがくるようなことはできる限り避けたほうが賢明です。離婚のときに少しの痛みをともなっても、後に負担や不安を残さず前を向いて生きていくことが大切だと思います。任意売却はメリットもあれば、デメリットもありますから、よく理解した上で選択してください。

ケース
08

子供3人、遊び人の夫は逃亡。妻単独の住宅ローンの結末は？

N子さん（36歳）

8年前に〝おめでた結婚〟したN子さんは看護師でした。夫は建設関係の下請け会社に勤める1歳年下の男性で、安定収入がありません。その夫が、当時住んでいた賃貸物件の近くにできた新築戸建てを見て、ほしいと言い出したのです。N子さんとしてはあまり乗り気ではありませんでしたが、結婚して子供ができるなら新築戸建てもいいなと思う気持ちもあり、揺れていました。

ただ、問題は住宅ローンです。夫は安定収入がなく、ローンが組める状況ではありません。でもN子さんには看護師としてのキャリアもあり、試しに申し込んでみたところ、住宅ローンが組めることになりました。そこで、埼玉県郊外に**2700万円の新築戸建てをフルローンで購入。**夫もしっかり働いていくと約束してくれました。

その後、N子さんは立て続けに妊娠し、3人の子供に恵まれました。しかし、3人の子育てとなると看護師の仕事を続けることが難しく、考えた末に、N子さんは仕事を辞めてしまったのです。夫の収入だけでは不安がありましたが、少ないながらも、なんとかやりくりをして暮らしていました。

ところが、2年前から夫が浮気をするようになり、家に帰らないことが増えてきました。もともと遊び人だった夫はパチンコ好きで借金もあり、とうとう生活費をまったく入れなくなってしまったのです。子供は8歳、6歳、3歳。N子さんもパートをしながら必死で住宅ローンを払ってきましたが、**限界がきて支払いを滞納。**私のところに相談の電話をかけてきたのは、競売予告の通知がきたタイミングでした。

夫は数カ月前に離婚届を置いて出て行ったといいます。あまりのことに、子供と心中まで考えたN子さんは、藁にもすがる思いで電話をしてきたのでした。

競売ストップ、任意売却へ

すぐに自宅までうかがうと、家のなかはぐちゃぐちゃ。子育てと仕事に明け暮れ、家事などする余裕はまったくないという状況でした。

その時点で、住宅ローン残高は2200万円。物件の時価は1700〜1800万円で、約500万円の債務超過です。すぐに住宅ローンを組んでいる金融機関に連絡すると、すでに債権回収の会社に債権が移管されている状況でした。そこでN子さんの状況を説明したところ、競売は待ってもらえることになり、任意売却をする方向で話を進めました。

元夫が買いたいと言って買ったその家は、駅からもかなり遠く、車のないN子さんにとっては不便でした。引っ越すこともできずにいただけで、家に未練はありません。そして無事に1800万円で任意売却が成立。N子さんと子供は、家賃6万円の、駅から近いアパートに引っ越しました。

母子家庭になったので、私が市役所にも同行し、母子手当の申請も行いました。N子さんは子育てが可能な範囲で看護師の仕事に復帰し、シングルマザーとしてたくましく生きています。

ところで問題は、任意売却後の残債です。約500万円ほど残ったわけですが、任意売却のときに、債権回収会社から、今後いくらなら払えそうか、N子さんの生活状況などを聞かれました。

現在母子家庭で、月収は手取り17万円。生活はギリギリで返済は不能と伝えたところ、債権回収会社からその後連絡はなく、約1年後に債権譲渡がされたと連絡がきました。債権譲渡先の会社からは少額での和解の話が入り、その分の支払いをして、N子さんの住宅ローンの借金はゼロになりました。

一時は幼い子供と心中まで考えたN子さんですが、いまは前向きに、仕事に子育てにと奮闘しています。

Aiko's eye

夫が住宅ローンを組めず、妻が単独で組むことはありますが、女性は出産や子育てなど結婚後に状況が変わることがあります。安易に住宅ローンを組んでしまったN子さんも悪かったかもしれませんが、妻単独で住宅ローンを組むときは、自分の収入がなくなった場合のリスクも視野に入れて慎重であることが大切です。また公的なものから民間まで、シングルマザー支援などもたくさんあります。まずはそういったところに相談に行ってみましょう。親子心中など、絶対にあってはなりません。

ケース
09

離婚後、売却予定の家に、事業用ローンや税金の差押えがあることが発覚！

F子さん（46歳）

東京都内のマンションに住むF子さんは、商社に勤務する兼業主婦。マンションは**自営業の夫との共有名義、連帯債務で住宅ローンを組んで購入**しました。

住宅ローンは夫と折半で返済していましたが、景気の悪化とともに夫の事業が傾き、夫はお金を払わなくなってしまいました。仕方がないのでF子さん一人で返済していましたが、生活も苦しくなり、夫との関係も悪化。5年前に離婚しました。マンションには、F子さんと子供がそのまま住み、夫は出て行きました。

不動産の名義に関しては、変更せずにそのままにしました。これまでもローンはF子さんが支払っており、特にその状況は変わらないので気にもしなかったのです。

離婚の際に公正証書を作成し、養育費の取り決めもしましたが、約束は守られませんでした。公正証書には**「不払いになったら、強制執行をしてもよい」**という旨の記載をしましたが、元夫には回収できるような収入も財産もなく、差押えすることもできません。

それでもF子さんは住み慣れた家に住み続けたい一心で、がんばってローンを返済していました。でも、子供も教育費がかさむ年齢になり、住宅ローンを一人で負担していくことがいよいよ困難になりました。ローンを滞納しがちになり、とうとうマンションを売却することを決意したのです。

登記簿謄本を見て初めてわかる「差押」

ところがいざ、売るための手続きに踏み切ろうとしたところ、マンションには、元夫が国民金融公庫（当時・現日本政策金融公庫）から借りた**事業ローンの差押えと、夫の持ち分に対して税金の差押えがついていたことが発覚**したのです。

差押えというと、家に取り立て業者がやって来て「はい、差押えます」と言われるようなイメージがありますが、実際は郵送で通知が届き、**不動産の登記簿謄本に「差押」と登記される**

だけです（27ページ参照）。

この場合も、もちろん元夫のところにはこの通知が届いていたはずですが、F子さんはそんなことを知る由もなく、謄本を見て初めて知ったというわけです。もうこれは任意売却するしかないということで、私に相談に来られました。

しかし、よく調べてみると、夫の事業用ローンは残債が200万円です。税金の差押え分は約100万円。住宅ローンも、途中の滞納はあったものの順調に減って残りは2800万円。マンションを査定すると、3100万円くらいでギリギリなんとか売れる物件だということがわかりました。

そのときはちょうど3月で、不動産を売り出すにもいい時期です。そこで、任意売却は一旦保留にして、**住宅ローンを全額返済できる金額で通常の売却**をしようと方向転換しました。

グレーゾーンのうちに動くべきこと

幸いローンの延滞はまだ2カ月です。住宅ローンは、支払いを2カ月以上続けて延滞、滞納してしまうと、金融機関から「代位弁済手続き開始の予告」や「競売予告通知」、「期限の利益の喪失予告通知」などのお知らせが届きます。この時期は、延滞はしていてもまだブラックではない、いわばグレーゾーン。金融機関によって異なりますが、**住宅ローンを滞納してから競売や任意売却までに、だいたい6カ月くらいは猶予があります。**

時間との勝負でしたが、元夫にも連絡をして、売却に合意してもらいました。F子さんは、差押えがついていたことは納得していませんでしたが、それよりもグレーからブラックにならないうちに売却することが先決です。F子さんはシングルマザーとして生きていくために、今後、教育ローンなどのお金を借りなくてはならない機会もあるかもしれないと思ったからです。

マンションは、高級住宅街に近い好立地だったということも幸いし、3100万円で申し込みが入りました。ただし、住宅ローンは完済できても差押えの分が少し足りないので、売却ができません。そこで、全額完済できなくても、差押えのほうを外してもらう交渉をすることになりました。

元夫も自分の不始末で招いたことなので、売却に協力的でした。そしてなんとか国民金融公庫からの事業ローン分を、「一部返済で、残債は分割払い」で容認され、差押えを外すことがこの度はご購読ありがとうございます。アンケートにご協力ください。

本のタイトル

●ご購入のきっかけは何ですか？（○をお付けください。複数回答可）

1 タイトル　2 著者　3 内容・テーマ　4 帯のコピー
5 デザイン　6 人の勧め　7 インターネット
8 新聞・雑誌の広告（紙・誌名　）
9 新聞・雑誌の書評や記事（紙・誌名　）
10 その他（　）

●本書を購入した書店をお教えください。

書店名／　（所在地　）

●本書のご感想やご意見をお聞かせください。

●最近面白かった本、あるいは座右の一冊があればお教えください。

●今後お読みになりたいテーマや著者など、自由にお書きください。

どうもありがとうございました。

郵 便 は が き

おそれいりますが
52円切手を
お貼りください。

1 0 2 8 6 4 1

東京都千代田区平河町2-16-1
平河町森タワー13階

プレジデント社

書籍編集部 行

フリガナ		生年（西暦）　年	
氏　　名		男 ・ 女	歳
住　　所	〒 TEL　　（　　）		
メールアドレス			
職業または学校名			

ご記入いただいた個人情報につきましては、アンケート集計、事務連絡や弊社サービスに関するお知らせに利用させていただきます。法令に基づく場合を除き、ご本人の同意を得ることなく他に利用または提供することはありません。個人情報の開示・訂正・削除等についてはお客様相談窓口までお問い合わせください。以上にご同意の上、ご送付ください。

<お客様相談窓口>経営企画本部 TEL03-3237-3731

株式会社プレジデント社　個人情報保護管理者　経営企画本部長

できました。
F子さんの住宅ローンは見事に全額返済。多少の住宅ローンの遅れはありましたが、完済したことで、信用情報機関に事故記録が登録されず、きれいに売却することができました。

Aiko's eye

離婚後、名義をそのままにしてどちらかがローンを払い続けるケースは多いですが、自営業者の場合、税金などの未払いですぐに不動産に差押えが入ります。ただし、今回のF子さんのように差押えに気づかないことは珍しくなく、いざ売却しようとして謄本を見たら発覚ということもあります。できるだけ、離婚のときに名義を整理したほうがよいでしょう。また、任意売却しかないと思っていても、不動産は時期によっては高く売れることもあります。あきらめずに、有利な売却方法を検討しましょう。

ケース

10

離婚後14年目に元夫が自己破産。突然、元妻にローンの一括支払請求が！

Q子さん（48歳）

離婚というと、大もめにもめて泥試合になるのはよくある話です。特に不動産がからむ離婚問題は、**その後の人生を左右しかねない多額のお金と住まいが争点**なので、こじれることが多いのです。でも、なかには円満に別れたはずの二人にも、そういった大問題が降りかかることがあります。

Q子さんは20代で結婚。30歳のときに名古屋市内に2980万円でマンションを購入しました。**夫と共有名義で、主債務者は夫。**後で知ることとなったのですが、**Q子さんは連帯保証人**でした。

Q子さんも働いていましたが、まだ若くて収入も少なかったため、**持ち分は夫9：妻1。**しかし3年後に、性格の不一致が原因で離婚することになりました。それでも、最後は握手して別れるような、いたって円満な離婚です。協議もトラブルなく進み、**財産分与で、Q子さんのマンションの持ち分は、夫のもの**となりました。

もともとQ子さんはほとんど出資しておらず、持ち分も少なかったので、もめることもありませんでした。その後Q子さんは上京し、再婚もして幸せに暮らしていました。

所有者名義を変えても連帯保証はそのまま

ところが、それから**14年が経ったある日、元夫の代理人弁護士から、「元夫が自己破産した」**という通知が届いたのです。

まさに寝耳に水の話に、Q子さんは動転です。離婚したのは14年も前のことですから、それ以来、元夫とは連絡も取っておらず、Q子さんは彼がいまどうしているのかなど、まったく知りませんでした。

弁護士によると、**連帯保証人であるQ子さんに、残債を一括返済する義務がある**ということでした。離婚の際にマンションは夫の名義にしたはずですが、それも元夫まかせで、当時は自分が連帯保証人であったという意識もありませんでした。元夫も悪気があったわけではなく、**名義を変更したので妻の連帯保証は外れ、自分だけが債務者だと思っていた**のです。

残債は1400万円、時価は1000万〜1100万円です。競売になったら債務が残る可能性は非常に高い。幸せに暮らしていた日々に突然暗雲がたれこめ、急な話でどうしたらいいか途方に暮れた揚げ句に、私のところに現在の夫と一緒に相談に来られたのです。

こうしたケースでは、現在の配偶者ともめて、なかにはそれが原因で離婚に発展する夫婦もいますが、幸いにもQ子さんの現在の夫は理解があり、なんとか一緒に窮地を脱しようとQ子さんに協力的でした。

そこで、競売だけは避けたかったので、任意売却をお勧めしました。

ただし、連帯保証人で債務者であるQ子さんですが、マンションの所有者はあくまで元夫です。それは自己破産することになっても変わりません。そのため、元夫が任意売却に同意し協力してくれないと、競売で売却をするしかありません。

さっそく、元夫側の弁護士に会い、物件の査定書を提出しました。競売で落札されると80

0万円前後と予測されるマンションですが、任意売却であれば、市場価格の1100万円前後で売却できるので、連帯保証人の負担が少なくなるメリットがあると説明。また、元夫もQ子さんに迷惑をかけたくないという思いが強いということでした。代理人弁護士と元夫の同意をもらい、任意売却をスタートさせました。

売り出し価格は1180万円で、1100万円で売却することができました。問題は残った債務です。任意売却でできる限り減らせた借金ですが、約400万円弱の借金の請求は、Q子さんにくることになります。**離婚しても、所有者名義が変わっていても、連帯保証は外れない**からです。

ただ、債権者との交渉により、生活状況に合わせてできる範囲での支払いが認められました。また、元金から充当し、元金が完済されれば利息と延滞金は減免、もしくは免除するということにもなったのです。

昔のローンの連帯保証の債務を毎月支払っていくことはつらいですが、自己破産はしたくないQ子さんは、できる限り返済していくことで納得されていました。

Aiko's eye

名義と債務は別物です。離婚時に名義を変更したから債務も当然なくなると思っている方は多いですが、これは大きな間違い。また連帯債務者は登記簿謄本に載りますが、連帯保証人は載りません（25、26ページ参照）。住宅ローンが何社かの金融機関に分かれている場合でも、1社だけ連帯保証人に入っていた、というケースもあります。

離婚をするときにできる限り債務をきれいにできるのがベストですが、できなければ、自分が債務者として残っているという自覚だけでも持っておきましょう。

ケース
11

再婚したので元妻との家を売りたい！超建設的夫の自己破産と任意売却。

Yさん（51歳）

離婚した相手とはきれいに縁を切りたいもの。つらい思い出の多い家を売却して、新しい生活をはじめたいと思うのが人情です。しかし、地価の下落や債務超過で売るに売れずに住み続け、重いローンに苦しむ人も少なくありません。

Yさんは、真面目を絵に描いたような実直なサラリーマンです。30代後半に12歳下の妻と結婚しました。Yさんは特に持ち家に執着はなく、便利で気軽な賃貸暮らしに満足していましたが、妻はマイホームに強いこだわりがあり、ねだられるままに、平成19年に、妻の実家に近い長野県郊外に80坪の土地を７００万円で購入。そこに、妻の強い希望で、一流の工務店に設計施工をオーダーした２５００万円の家を建てました。**妻が専業主婦だったので、名義も債務も**

すべてYさんでした。

ところが、もともと質素で真面目なYさんと派手好きな妻は価値観が合わず、8年後に離婚。離婚後もYさんは一人で広い家に暮らしていましたが、勤務していた工場が閉鎖され、収入も激減しました。家の査定は1800万円まで下がっていたので、ローン残債を考えると売ることもできません。

その後、出会いがあり、3歳年上の女性と再婚することになりました。現在の妻はしっかり者で思慮深い姉さん女房です。収入が減ったことや元妻との事情も汲み、何の文句も言わずにYさんと生活していました。

ただ、Yさんの家は交通の便が悪く、Yさん夫婦は通勤だけで毎日クタクタに疲れ切っていました。そもそもこの地は、元妻の実家に近いという理由で選んだところ。Yさんにしても、**縁もゆかりも愛着もない土地**なのです。

交通の便が悪いので、5～6万円も出せば、新しくて広い賃貸マンションを借りることもできる地域。それなのに毎月12～13万円のローンの支払いのために不便な生活を強いられる。150平米の家も、ほとんどが空き部屋です。しかし、家は債務超過なので売るに売れない。

Yさんは再婚した妻が文句も何も言わずにいてくれることに大きな負い目を感じ、ストレスで胃潰瘍になってしまいました。そんなときに私の任意売却の本を読み、電話をかけてこられたのです。

人生を立て直すための自己破産

すぐにご自宅までうかがってお会いしたYさんは、電話のときの打ちひしがれた様子はなく、張りのある声とさわやかな笑顔で現れました。そして家計簿やローンの支払い、残債などのデータ、さらに今後のシミュレーションまでを自分でまとめた資料を見せてくれました。分厚くて、まるで会社の事業計画書のようなきちんとした資料でした。

そしてYさんはこう言いました。

「このままでは、私は確実に破綻します。債務超過が1000万円以上だとわかったときには絶望しました。私がバカでした。そんな私がやっと本当の伴侶に出会えたんです。彼女のために第二の人生を歩みたい。**これからの人生を考えて、自己破産を決めました。**ついては任意売却をします」

元妻との負の遺産を、いまの妻との生活に持ち込みたくないというのが理由でした。

自己破産をすると、信用情報機関に破産の事実が登録されるため、数年間はクレジットカードを新しく作れなかったり、新規のローンは組めないなどデメリットがありますが（39ページ参照）、それもすべて理解した上での決断です。

抵当権者である地元の信用金庫とは任意売却することで合意し、結局１８００万円で売却が成立しましたが、Ｙさんは非常に前向きで、これからの人生を立て直す意欲に満ちていました。

残りの人生を住みたくもない家のローンに無理をして費やし、破綻が見えているのなら、自己破産もひとつの選択肢に入れてよいと、私は思っています。

Aiko's eye

妻の実家近くに家を買ってしまったという人は多いですが、離婚で妻が実家に帰ったり出て行ってしまえば、元夫にはその家に住む必要性がなくなります。元妻の実家近くというのも気分のよいものではありませんし、我慢して高いローンを支払い続けるのは負担以外の何ものでもありません。売却するにも、債務超過の場合は支払い続けるか賃貸に出すか、という選択肢になりますが、どちらも経済的、精神的に負担があります。Ｙさんのように自己破産という法的整理でリセットし、今後の人生を豊かにする決断は賢い選択ともいえるでしょう。

ケース
12

「住宅ローン特則付きの個人再生」が頓挫して自己破産。任意売却に妻が反対し競売に。

Sさん（48歳）

思い出のある家を早く手放したいという人もいれば、住み慣れた家に住み続けたいという人もいます。

Sさんは公務員。新潟県に家族が住む大きな自宅があり、Sさんは神奈川県に単身赴任をしています。

実はSさんは、3年前にも私のところに任意売却の相談をしに来られたことがありました。新潟と神奈川、二重生活のストレスもあってSさんはギャンブルに手を出し、気がつけば多重債務で住宅ローンが払えなくなっていたのです。ところが途中から、**妻がどうしても家に住み続けたい**と言いはじめ、なんとか家を残す方法はないかという相談となりました。

そこで選択したのは、**「住宅ローン特則付きの個人再生」**という方法です。

「個人再生」とは、**借金の減額を目的に裁判所を介して行う債務整理**のことです。再生のための「計画」を裁判所に提出し、再生計画が認可されると、**住宅ローン以外の債務が減額**されます。たとえば債務額が500万～1500万円であれば、5分の1にまで減額可能です（107ページ参照）。そして、残りを3～5年で支払っていくことになります。住宅を手放さずに手続きをすることができますが、**自己破産のように、すべての債務が免除にはならない**のが特徴です。

個人再生で減額されるも再びショート

再生計画が認可されたSさんはカードローンや消費者金融の借金を整理し、毎月5～6万円を返済していました。しかしその後、結局住宅ローンを払うことができなくなり、自宅が競売の申し立てをされてしまったのです。**個人再生で減額された借金を支払えなくなって、自己破産を覚悟して私に相談に来られました。**

来られたのは、競売申し立てをされた直後。執行官が新潟の自宅に来る前のことでした。こ

個人再生の計画案が認められると、減額される金額は？

債務額（総額）	最低弁済額
100万円未満	全額
100万円以上、500万円未満	100万円
500万円以上、1500万円未満	債務額の5分の1
1500万円以上、3000万円未満	300万円
3000万円以上、5000万円以下	債務額の10分の1

＊ただし、住宅ローンについては減額されない。

の段階でもSさんは、競売申し立てのことを妻に伝えておらず、なんとか「セール&リースバック」ができないか、という相談で再びいらっしゃったのです。

ケース5でも紹介しましたが、**「セール&リースバック」とは、所有する不動産を第三者に売却した後、購入した相手と賃貸借契約を結んで借りる方法**です（76ページ参照）。自分の所有ではなくなりますが、賃貸借契約でそのまま住み続けることが可能です。しかし、都市部ならまだしも、新潟ではなかなか買い手も見つからず、競売が進行。セール&リースバックで住み続けることはあきらめ、通常の任意売却にするほうがよいだろうと判断し、そちらに切り替えることにしました。

長く住みたいのなら競売も選択のうち

ところが、裁判所の執行官がSさんの自宅を見に行ったとき、妻に「競売だからと、そんなに急に引っ越す必要はない。入札になっても数カ月は住むことができる」という内容を告げたのです。

競売の場合、落札者が代金を納めた時点で所有者が変わりますから、家を引き渡さなければ

競売の流れとは?

住宅ローンの返済が滞った!

↓

金融機関などからの催促状、督促状が届く

↓ ←この期間、4～6カ月

支払えないと、ローンの残債は「保証会社」や「債権回収会社」に移管される

↓ ←この期間、1～2カ月

裁判所に「競売申立」がされ、「競売開始決定」通知が届く

↓ ←この期間、約1カ月

「不動産の現状調査について」の通知が届き、調査官がやって来て現状調査開始

↓ ←この期間、約1カ月でほぼ同時に行われる

裁判所で「配当要求終期の公告」が出される

●配当要求終期の公告は裁判所に行けば誰でも閲覧可。不動産会社等にも知られてしまうので、任意売却を勧めるDMがきたり、業者が自宅に来たりすることも。

↓ ←この期間、約2カ月

最低売却価格、基準価格が決まり、物件所有者と債務者に入札の通知がくる

↓ ←この期間、約2カ月

インターネット等で競売情報が出る

↓ ←この期間、2週間

期間入札の開始(入札期間は1週間)

↓ ←この期間、2週間

開札

↓ ←この期間、約1カ月

●いちばん高く落札した人が所有権を持つ

売却、許可、決定

↓ ←この期間、約1カ月

●出て行かない場合は強制執行で追い出される

物件の引き渡し

※「配当要求終期の公告」とは? ＝「競売を申し立てた保証会社や債権回収会社以外に、同土地の債権を持っている人がいる場合は期限内にすみやかに申し立てるように」という公告。しない場合は、後から配当を要求することはできない

なりませんが、それまでに早くて1～2カ月、競売で落札した人との交渉次第ではもう少し長く住めることもあります。出て行かないと競売で落札した人が強制退去の手続きをしますが、その手続きにも時間がかかります。そのため、住もうと思えば、交渉により、数カ月住み続けることは可能となるわけです。

対して、任意売却の場合は売買契約を締結してから退去するまでは約1～2カ月です。執行官が告げた言葉は間違いではないのですが、いずれにせよ、引っ越さなければならないのは同じです。しかし、競売になっている事実を知って激怒した妻は「少しでも長く住みたい」と、意固地になってしまいました。

私たちが任意売却のための査定をしようと訪れても門前払い。家のなかを見ないことには査定もできません。債権回収会社からも「なかを見せてくれ」「写真を撮って送ってくれ」と矢の催促ですが、奥さんは何度言っても任意売却に協力してくれませんでした。

ただ、「少しでも長く住みたい」ことが最優先なのであれば、それもひとつの選択だとは思います。**競売の差押えが入った後なら、途中で任意売却をするよりも競売のほうが長く住むことができます。**任意売却によりセール＆リースバックができればよかったのですが、できないならば、競売落札、退去までの時間をできる限り延ばせば長く住めるということです。

奥さんには競売の流れを説明し、結局、競売で落札した人と交渉して退去の時期も最大限延ばしてもらい、納得した上での退去となりました。

Aiko's eye

「少しでも長く住み続けたい」のであれば、競売も間違った選択ではありません。落札した人にもよりますが、話し合いによっては引っ越し代などをもらえるケースもありますし、退去の時期も相談できることがあります。逆に、落札者にとっては占有者を退去させることに労力がかかることがあるのです。出て行かない場合の強制執行をするにも、お金も時間もかかります。競売になっても、交渉によってギリギリまで住み続ける方法は、結果的には双方にメリットがあるといえるでしょう。また、ごくまれに落札者と交渉して賃貸で住み続けられたり、買い戻すことができる場合もあります。

ケース
13

離婚で鬱《うつ》病になりすべてを放置、代位弁済に。「住宅ローン巻戻しの個人再生」で復活。

Yさん（53歳）

大手企業に勤めるYさんは、5年前に妻の浮気により離婚しました。高校生の息子は自分が引き取り、息子と二人暮らしの父子家庭です。妻の裏切りに精神的に落ち込み、とうとう鬱病を発症しました。幸い、大手企業に勤めていたので休職しながら仕事を続けていくことができました。

家は神奈川県の一戸建てで、18年前に30年ローン3000万円で購入。65歳完済予定で頭金も800万円入れており、順調に繰り上げ返済もしていたので、ローン残高は1200万円程度でした。自宅の時価は約2700万円です。

ただ、離婚後、精神的に立ち直ることができず、お金のことも考えられない状態でした。

「すべてが嫌になって、仕事も家のことも、どうでもいいと思っていた」と、Yさんは当時の気持ちを振り返ります。結局、Yさんは**すべてのことを放置**してしまいました。

気づけば代位弁済の請求書が

給与口座が住宅ローン口座と別だったので、放置すれば自然に支払いは滞納していきます。もちろん督促状もきましたが、それもすべて放置していました。そして気がついたときには住宅ローンを6カ月以上滞納していたのです。**督促も無視していた結果、住宅ローンを借りている銀行から保証会社へ「代位弁済」**（保証会社が代わりに支払うこと）され、次のような通知が届きました。

請求書

当社は、貴殿が○○銀行に対して、○年○月○日付の金銭消費貸借契約に基づいた借入金債務につき、保証をしておりましたが、貴殿は○○銀行に対し、約定弁済日である○年○月○日以降の弁済をされないため、○年○月○日に「期限の利益を喪失」し、債務残額を「一括弁済」すべき義務が生じました。

その後、貴殿からの弁済がないため、当社は〇〇銀行より「代位弁済」請求を受け、下記金額を〇年〇月〇日「代位弁済」致しました。

つきましては、「代位弁済」した結果当社が取得した下記「求償債権元本及び利息」、〇年〇月〇日以降完済に至るまでの間の「年14％の割合による遅延損害金」を直ちにお支払くださいますよう請求致します。

なお、ご返済がないときは「法的手段」を実行致しますので念のため申し添えます。

代位弁済金額　金12、340、000円也
内訳
元金　12、000、000円
利息　200、000円
遅延損害金　140、000円

通知を見て、やっと我に返ったYさん。さすがになんとかしなくてはならないとインターネットで「代位弁済」を検索したところ、出てくるのは任意売却の不動産業者ばかりだったそう

です。

いくつかの会社に相談したところ、**「代位弁済になっていたら、請求金額を一括で支払うか競売になるかです。それを回避するのはもう任意売却しかないのです」**と、どこからも任意売却を勧められました。

しかしそんな状況でも、Ｙさんとしては絶対に家を売却したくありませんでした。ずっとローンを払い続けてきたマイホーム。息子も生活環境を変えたくない。でも一括で支払うお金はない。そんな状態で、たまたま私のところに相談に来られたのです。

６カ月以内ならできる「住宅ローンの巻戻し」

そこで私は**「住宅資金特別条項付きの個人再生」**ができるかもしれないと考え、弁護士を紹介しました。

「住宅資金特別条項付きの個人再生」とは「住宅資金特別条項」が定める再生計画が裁判所に認められて確定するものですが、代位弁済から６カ月以内であれば**「住宅ローン巻戻しの個人**

再生」ができる、つまり**代位弁済前の状態に戻すことができる**という制度です。

Yさんは大手企業に勤めているのでしっかりとした収入がある、物件は債務超過ではない、住宅ローン全額を一括で支払う資金はないが、滞納分の金額を払うことはできる――、という状況を説明したところ、弁護士は代位弁済された保証会社と交渉してくれ、無事に、住宅ローンの巻戻しに成功したとのことでした。

相談に来たときは絶望して涙を流していたYさん。解決した後は、「今後はこのようなことがないよう、給与口座を住宅ローン口座に変更しました。体調も徐々に回復しています。家を維持することができて本当によかったです。これからは息子のためにがんばっていきます」と、別人のような笑顔で話していました。

Aiko's eye

代位弁済されると住宅ローン残高全額を一括返済するか、競売か、それが無理なら任意売却か、という選択肢しかないと思われがちですが、法的な債務整理である「個人版民事再生」のなかの、「住宅資金特別条項付きの個人再生」をすると、保証会社による代位弁済がなかった

ものにでき、住宅ローンの継続が可能になります。これを「住宅ローン巻き戻しの個人再生」といいます。

代位弁済されると団体信用保険（団信）も失効しますが、「住宅ローン巻き戻しの個人再生」がなされると団信も復活します。

ただし、この制度は誰にでも適用されるわけではなく、法的にさまざまな規制があるので、詳しくは弁護士に相談することをお勧めします。

ケース
14

新築ワンルーム投資で破綻。「個人再生」の適応で復活なるか?

Dさん(55歳)

四国地方に住むDさんは、大手企業の子会社で働くサラリーマンです。妻と子供2人の4人家族。自宅は30歳のときに30年ローンで購入した一戸建てで、あと5年で完済です。と、ここまで聞くとごく一般的な家庭のお父さんですが、Dさんは大変なローンを抱えて悩んでいました。

それは6年前、会社にかかってきた営業電話で知り合った不動産会社の紹介で都内に買った、**3つの新築ワンルームマンション**です。不動産会社から、投資用に持つことで「将来の年金代わりになる」「節税効果が狙える」「団体信用保険(団信)があるので生命保険代わりになる」など、メリットばかり説明されましたが、「都心のマンションオーナーになれますよ」という言葉が決め手となって買ってしまったのだそうです。

Dさんは立て続けに3軒の新築ワンルームマンションを購入。すべてローンで買えるので、現金の持ち出しもほとんどないということも魅力でした。もちろん妻には内緒です。毎月の支払いも家賃で払える、それで将来ローンがなくなれば収入になる、ということで迷いはありませんでした。

年金代わりどころか老後破産へ一直線

ところが、購入後、たくさんのリスクに気がついたのです。

まず、「節税効果はずっと続くわけではない」。「固定資産税などの経費はかかる」。ほか、「当初5年間は不動産会社が借り上げ保証をしてくれるが、その後は家賃保証がなく、空室になったら家賃収入が得られない期間がある」「貸借人が退去するごとに設備などを交換する費用がかかり、オーナーであるDさんにも費用負担がある」等々……。そして何よりの問題が、**マンションを購入した金額が高かった**ということでした。

1軒約2200万円で購入しましたが、売却できるかどうか不動産会社に査定に出したところ、すべて1700万円くらいでしか売れないとの結果が出ました。ということは、**経費を含**

めると3軒で約1200万円のマイナスとなるのです。

こんなものを持っていたら**年金代わりどころか、老後破産**になってしまう！　妻にばれたら大変なことになる！　と焦りはじめたDさんですが、現状では債務超過分を埋めることができず、ずっと一人で悩んでいました。

そして5年の借り上げ保証が終了。6年目に入ると案の定、空室が出てしまい、ローンがマイナスになりました。毎月の自分の使えるお金は全額ローン返済にあてましたが、追いつかず、クレジットカードでキャッシングを繰り返すようになりました。


限界がきたDさんは不動産会社に相談。任意売却を勧められましたが、そこで受けた説明はひどいものでした。曰く、「任意売却するにはローンの支払いを滞納して、債権が保証会社に移ってからです。残った借金は毎月1万円ずつ返済してもらうことになります」――。

毎月1万円なら3軒で3万円。いまのマイナスに比べたら十分支払っていける、と判断したDさんは、さっそく、ローン返済を滞納しました。ところがその結果、今度は激しい返済督促の嵐に遭い、ついには家賃を差押えられ、さらに法的処置（訴訟）に出るという通知まで届きました。

踏んだり蹴ったりもいいところですが、**これがいわゆる「新築ワンルーム破綻」というもの**なのです。

自宅は残せる「住宅ローン特則付きの個人再生」

困り果てたDさんは、私のところに相談に来られました。Dさんのように大手企業に勤めるサラリーマンはローンが組みやすいため、新築ワンルームの営業に引っかかりやすいのが特徴です。ただ、**投資マンション用のローンは、自宅の住宅ローンが支払えなくなって行う任意売却よりもハードルは高く、**安易に行えば、家賃や給料の差押え、さらには自宅まで差押えが入り、結局すべてを失ってしまうという事態に陥る危険性が高いのです。

そんな投資マンションに手を出してしまったDさんも自業自得ですが、ここはマイナスを覚悟で整理していかなければいけません。自宅も取られてしまっては、悠々自適の予定だった老後の生活は夢と散ってしまいます。

私は、自宅だけは残せる**「住宅ローン特則付きの個人再生」**（ケース12参照）がよいのではないかと思い、弁護士を紹介しました。住宅は残し、他の債務を減額して返済していく債務整理です。ただこの場合、債権者（保証会社）の合意が不可欠になります。また、妻に内緒で行うわけにもいきません。Dさんが離婚覚悟で妻に打ち明けたところ、妻は当然ながら怒り心頭でしたが、離婚までは至らず、個人再生には納得してくれたそうです。

Aiko's eye

年金代わりの投資のつもりが、老後破産の原因になる投資になってしまっては本末転倒です。新築ワンルーム破綻の被害者は多いですが、間違ったアドバイスで安易に任意売却をしようとし、急速に破綻に追い込まれる被害者が私のところに助けを求めてやって来ます。

本来、不動産投資は堅い投資です。しっかりと勉強して、言われるがままにはならない、買わない、ローンは借金だと自覚する、自己責任ということを肝に銘じる――といったことが大切ですが、「どう解決するか？」「マイナスをいかに少なくするか？」を考えるのも重要なことです。ときには、高い生命保険だと思って払い続けることを勧めることもあります。投資は慎重に考えましょう。

ケース

15

離婚前に名義を妻に生前贈与。その後、夫の事業が破綻。詐害行為と見なされ不動産仮処分に！

U子さん（47歳）

飲食店経営の夫と3年前に離婚したU子さん。**離婚の1年前に、夫に言われるがまま、財産分与で無担保の自宅（時価1500万円程度）の贈与**を受けました。

分与した際にきちんと贈与税を支払い、4年が経過していましたが、その間に元夫の事業はどんどん悪化し、しまいには債務に負われるようになりました。そのうちに、元夫は病気になり、とうとう自分の借金の支払いが不能になってしまったのです。

そんなある日、U子さんの元に裁判所から**「不動産仮処分命令申立書」**が届きました。U子さんにとっては寝耳に水のことです。「不動産仮処分命令申立書」というのも何のことかさっぱりわからず問い合わせたところ、元夫が事業資金で借りた債務の返済が不能となり、その後、債権は回収会社に譲渡。ところが**U子さんへの生前贈与が、財産を不当に隠したとして「詐害行為取消権」の訴え（U子さんの所有権移転登記を元に戻してほしいという訴え）を受け、**「不動産仮処分命令申立書」によって、不動産に仮処分登記がされたということがわかったのです。「不動産の仮処分」とは、裁判で争っている間に、訴えた相手に勝手に不動産などを処分されないように「仮処分」という登記をしておくことです。

経営にまったく関係していなかったU子さんは、元夫の台所事情に関してもまったく把握していませんでした。ところがどうやら、贈与を受ける前から返済が遅れがちだったようで、**債権者からすると明らかに財産隠し、偽装離婚と見なされた**のでした。

借金がある場合の贈与は詐害行為と見なされやすい

債務は250万円、延滞金140万円。元夫に資力はなし。U子さん自身もシングルマザーで、生活するのにやっとの収入しかありません。もちろん弁護士を雇うお金もありません。

U子さんも、こうした元夫の経営悪化の状況を知って贈与を受けたわけではありません。そこで、裁判所に出す答弁書にその事実を記載して提出しました。そして裁判初日、その旨を訴えましたが、認めてもらうことはできませんでした。

自分にはまったく身に覚えがないことでも、債務者である元夫の支払いが止まっている時点で贈与、その後離婚したということは、**明らかな詐害行為**（債権者に害を及ぼすと知りながら自分の財産を減少させること）にあたるとの見解でした。

詐害行為で判決が出てしまうと不動産の所有権が元夫に戻され、そのまま差押えが入ると最悪の場合、競売になってしまいます。それをなんとか避けようと、U子さんは元夫の経営の悪化を知らずに贈与を受けたことを主張し、和解を申し立てました。

債権回収会社との和解協議の結果、元金250万円を支払うことで、延滞金の免除を合意。250万円は知人から借りて返済し、和解は成立しました。債務は一切なくなり、その後、自宅は売却して250万円も返済。残ったお金で税金を支払い、あとはそのまま生活資金として貯金にあてました。

U子さんにとっては納得がいかない部分もありますが、**借金がある場合の贈与は、後で詐害行為で訴えられる可能性が高く、贈与を受ける側も知らなかったではすまされない**のが現状です。離婚による財産分与であると言って免れるケースもありますが、それを狙った偽装離婚も多いため、債権者を欺く行為はとても危険だと知っておいてください。

Aiko's eye

借金がある場合の離婚に伴う贈与は、このような事態に陥るケースもあります。悪意がなくても、悪意と取られてしまうことがあるのです。それに、離婚前、離婚後のどちらに贈与するかによって、贈与税や譲渡所得税がかかるため、その意味でも安易な贈与は危険といえるでしょう。生前贈与はどうしても自分たちの知識だけで行いがちですが、まずは弁護士などの専門家に相談することをお勧めします。

また、収入が少ない世帯の場合、日本司法支援センター（法テラス）によって弁護士費用の援助を受けられることがあります。弁護士を雇うお金がないという方は法テラスに相談してみてください。

ケース
16

円満離婚の元夫の心にわだかまる「ローンはあと30年」。互いの人生を考えて選んだ方針とは。

Zさん（40歳）

35歳のときに東京都内にマンションを購入したZさん。**3000万円のフルローンを組み、共働きの妻と共有名義の連帯債務でした。**その後、価値観の違いなどで協議離婚となりますが、お互い長いつき合いだったので離婚後も友達のような関係でした。子供はいませんでした。

離婚するときは妻の転勤とも重なり、慌ただしくするうちに1年が経過。マンションのローンは、住み続けるZさんがずっと支払っていくという約束を交わしていました。

ただ、Zさんの心には、**このまま名義も債務も継続して残り30年弱を送ってよいのだろうか、**という思いがありました。元妻とは友達のようになってしまったので、離婚でもめることも一切なかったのですが、将来、お互いに再婚することもあるだろうし、とにかく自分も元妻に迷惑をかけることはしたくない、という思いが強くなり、私のところに相談に来られました。

現状と気持ちを踏まえて考えた4つの対策

まず2点を確認しました。1点目はこの物件の時価です。住宅ローン残高2600万円に対し、時価は2500～2600万円。売却経費などを計算すると100～200万円ほどの債務超過でした。

2点目は、Zさんがこのマンションに住み続けたいのかどうか、マンションを所有していたいのかどうか、という希望です。Zさんは、特に憎み合って離婚したわけでもなく、物件にも愛着がある。絶対的なこだわりはないが、賃貸に移ることを考えたらそのまま所有していたいとのことでした。そして、元妻にだけは迷惑をかけたくない。

それらを踏まえた上でアドバイスしたのは、次の4つの対策です。

①Zさん名義への借り換えを行う

マンションの共有名義の、元妻の持ち分を財産分与して、ローン残債はすべてZさんが新たに金融機関で借り換える方法です。その際、金融機関の審査があるので、収入等の信用があることが絶対条件になります。また、借り換えの事務手数料や登記費用などの経費が別途かかります。離婚協議書などが必要になるケースもあります。

②負担付贈与を行う

これは、現在住宅ローンを借りている金融機関に元妻の債務を免責してもらい、元妻の持ち分をZさんに財産分与。Zさんが「債務引受」の申し込みをして、名義も債務もZさんのみにする方法です。

金融機関との交渉次第ですが、ところによっては応じてもらえないことが多く、なかなか成功例がないケースです。

③そのままの状態で今後もローンを払い続ける

元妻とは友好関係にあるので、名義も債務もそのままにしてZさんが払い続けるということです。この場合は、お互いに契約書や覚書を結んでおき、公正証書を作成します。または、マンションの名義だけはZさんに財産分与しておくということも考えられますが、安易に名義を変更すると銀行から一括返済を求められるケースもあります。

④売却して、売却後の資金を分与する

この方法がすっきりしていいのですが、問題は債務超過の場合です。債務超過でなければ売却して余剰金を二人で分けて終わりとなりますが、債務超過の場合はマイナス分を負担しなくてはなりません。

Zさんのケースでは100~200万円の債務超過が見込まれ、これを二人で分けても最大100万円ずつの出費が伴うことになります。任意売却をするという選択肢もありますが、ブラックリストに登録されたり、残債務に対して延滞金が生じるなど、Zさんたちにとってはリスクが高くなります。

円満離婚でも方針は決めておく

再三、妻には迷惑をかけたくないと言っていたZさんは、熟慮の結果、「②負担付贈与を行う」を希望しました。それが無理なら「①Zさん名義への借り換えを行う」を選びたい。ところがZさんは転職したばかりで、現段階では信用があまりありません。②は金融機関の承諾を取ることができませんでした。

そうなると①となりますが、こちらも勤続年数が少ないことからちょっと厳しい、という返答が金融機関からきました。ただ、**今後、勤続年数を重ねていけば十分借り換えが可能**との判断ももらうことができました。結果、1年もしくは2年後、勤続年数が問題ないという状況になるまで現状を維持していき、その後、借り換えをする。もしその時点で借り換えができなければ、売却も視野に入れるということで、妻と円満合意に至りました。

元妻は、Zさんの判断を受け、「そこまでしっかり考えてくれて、ありがたい。今後何があるかわからないので、いくら**円満離婚といえども方針を決めておくのは大切**なことですね」と言っておられました。

Aiko's eye

私が受ける離婚と不動産の相談でいちばん多いのがこのケースです。債務超過でなければ売却して余剰金を分けて解決ですが、債務超過、もしくはどちらかが住み続けて払っていくというときは注意が必要です。債務超過ではないから大丈夫と思っていても、長い人生、何が起きるかわかりません。Zさんのように、すぐには無理でも近い将来整理することも視野に入れて、お互いのリスク回避をお勧めします。

借り換えについては、金融機関によって判断が異なることもあるため、ひとつがダメでも、複数で聞いてみてください。住宅ローンの借り換え専門のファイナンシャル・プランナーなど、専門家に相談することもお勧めです。

ケース
17

別居中の浮気夫が自己破産。競売になった家を妻の父が落札して居住継続が可能に。

J子さん（47歳）

専業主婦だったJ子さんの夫は、浮気して家を出て行きました。途方に暮れて精神的にかなり落ち込み、ふさぎ込む日々のJ子さんでしたが、周囲のアドバイスもあり、次第に元気を取り戻したところで夫の浮気相手を訴えることにしました。

裁判までもつれ込みましたが、相手方が悪いということで見事勝訴し、150万円の慰謝料を得ることができました。**家はJ子さんと夫の共有持分で、J子さん3：夫が7。債務は夫のみで、J子さんは連帯保証人でもありません**でした。

夫が出て行ってから裁判が終わるまで、住宅ローンは婚姻費用として夫が払い続けていました。ところが裁判が終わった後、夫側の代理人弁護士から通知が届いたのです。

「ご主人の資力低下により住宅ローンの支払いができなくなりました。債務超過の見込みなので、自己破産することになりました」

そんな話、J子さんは寝耳に水です。なんと、その時点で住宅ローンは4カ月滞納されている状況でした。あわてて住宅ローンを借りている金融機関に連絡して確認すると、**「債務者が自己破産するのであれば、家は競売にするしかない」**という説明です。

債務者が自己破産すると、家を所有することはできません。そして自己破産の受任通知が弁護士から金融機関に渡った時点で**「期限の利益の喪失」**（79ページ参照）となり、ローンは継続不可能となってしまうのです。

J子さんの家は、彼女が細部にまでこだわって建てた注文住宅です。どうしても住み続けたいと、私のところに相談に来られました。

任意売却資金を得た直後に競売開始決定

住宅ローン残高は2800万円、時価は2000万円前後。約1000万円の債務超過です。

J子さんが借り換えをするにも、専業主婦だったJ子さんは最近仕事をはじめたばかりで、勤続年数が足りません。もちろん収入も足りません。

J子さんの家は1000万円の債務超過物件のため、借り換えするにあたっての担保評価が出ません。そこで、借り換えは不可能と判断しました。こうなれば、**時価で買い取る**しかありません。

しかし、時価で買える任意売却にするにしても、買い取り資金がないのです。もう手放すしかないかとあきらめていたところ、「父が力になってくれるかもしれない」とJ子さんが思いつきました。

地方都市に住むJ子さんの父は不動産を数件所有しており、そこにはJ子さんが相続する予定の小さいビルもあるといいます。ならば、そのビルを売却して任意売却資金にしてはどうかと提案しました。

私はJ子さんと一緒にご実家まで行き、お父さんに説明しました。お父さんは、「娘をそんな目に遭わせた夫には納得できないが、娘がそこにどうしても住みたいのなら協力してもよい」ということになり、J子さんが相続予定の土地建物を売却することになりました。幸い、販売活動を行うとすぐに買い手が付き、1800万円で売却に成功しました。

しかし、喜んだのもつかの間のことでした。ちょうどその頃、夫が自己破産を申請し、自宅は競売開始決定がされてしまったのです。

すぐに夫側の代理人弁護士に自宅を任意売却することの合意を取り、抵当権者である金融機関にも、同じく任意売却する旨を交渉しました。すると抵当権者は、任意売却するのはいいが、2000万円以上で売れないなら任意売却には応じないと言うではありませんか。

父親の不動産を売った資金は1800万円。登記費用や取得税、仲介手数料などの購入経費を加えると約300万円ほど足りません。

そんな余裕はなく「父にもこれ以上負担をしてもらうことはできません」と泣くJ子さん。でも、せっかくここまでこぎつけたのに、ここであきらめては元の木阿弥です。

父親が競売入札で見事落札！

そこで私は、**競売入札**を提案しました。

J子さんの家はこだわりの建物で、あちらこちらに凝った意匠が施されており、**市場流通性**

は低い。それならば、**いまの予算で、競売で落札できる可能性は十分あるのではないか**と思ったのです。

無理をして任意売却で確実に買うか、買える保証はないが競売で安く買うか、という選択肢を提示したところ、J子さんは「ここで落札できなかったらきっぱりあきらめて、別の場所に引っ越します！」と決意し、競売入札することになりました。

競売は、**市場価格の6掛から7掛が売却基準価となり、売却基準価格のさらに2割ダウンの最低入札可能価格以上から入札できるシステム**です。

J子さんの物件は売却基準価格が1300万円、最低入札可能価格1040万円になりました。無理をせず、予算内の1700万円でJ子さんの父が入札し、見事に落札。その後、J子さんは**お父さんと賃貸借契約を締結し、お父さんに毎月家賃として購入代金を返済**していくことにしました。

その後、夫とは離婚。こだわって建てた家は残せて、気持ちの整理もつき、J子さんは前向きに明るく再スタートを切ることができました。

「債務者ではない」で入札可能に

かならずしも買える保証のない競売入札に成功した例ですが、競売は誰でも入札できるというものではありません。

競売の入札に参加することができない人は、まず債務者と連帯債務者です。借りたお金は全額返済するのが原則で、返さないのに競売で安く落札して不動産の所有権を得ようという行為は認められていないのです。

また、債務者の妻や子供に落札させようとする人もいますが、その資金経路が債務者からだとわかった場合は、落札後の売却許可が下りず、所有権を得ることができません。債務者以外の資金であれば、世帯を同じくしている親族も（妻や子供でも）入札可能です。

Ｊ子さんの父の場合は、**債務者ではない不動産所有者の親族**なので入札参加することが可能で、落札した場合は売却許可が下りました。

Aiko's eye

平成15年の民法改正によって競売妨害などのリスクがなくなり、金融機関のローンも可能になるなど、一般の人が競売物件を購入しやすくなりました。ただ、競売物件は不特定多数の人が入札に参加するので、落札できる保証はありません。最近は不動産市場の高騰により競売不動産市場も激戦です。競売入札のサポートをしてくれる業者に相談するなどし、競売入札に賭けるなら落札確度が高い場合にしたほうがよいでしょう。

ケース
18

「嫌いだから離婚したい」は理由にならない！仮面夫婦にのしかかる不毛な住宅ローン。

Hさん（40歳）

Hさんは外資系金融会社に勤めるエリートサラリーマンです。34歳のとき、3歳年下の元モデルというきれいな女性と結婚しました。ブランド好きなHさんは女性も外見で選ぶ傾向にあったようです。結婚してすぐに子供ができたので、家を買おうということになりましたが、そこで問題が発生したのです。

Hさんは都心のマンションに住みたい。一方の妻は実家近くの、東京郊外の新築戸建てに住みたい。意見が分かれました。

物件を数十件見ても意見が合わず、ケンカの日々が続きます。その頃から、Hさんは妻との価値観の違いを感じていたそうです。それでも子供のことを考えてHさんが折れ、妻の希望の通り、**妻の実家近くに4500万円の新築戸建てを、頭金800万円を入れ、Hさんが3700万円の住宅ローンを組んで購入**しました。

ところが結婚生活を続けていくうちに、妻との価値観の違いがさらに浮彫りになってきたHさん。東京郊外から都心に通勤するというストレスにも耐え切れなくなり、とうとう我慢の限界に達します。心のなかに芽生えた「離婚したい」という思い。子供はかわいいけれど妻のことはただの同居人にしか思えず、ついには顔も見たくないという状況にまで発展してしまいました。

「価値観が違うから」の裁判離婚は極めて困難

妻に切り出しても、「絶対に離婚したくない!」「引っ越しもしたくない!」の一点張りで、まったく話になりません。そこで私のところに相談に来られたので、離婚に強い弁護士を紹介しました。離婚したいときは、弁護士に頼めばできるのだろうと思っていたHさんは、そこで現実の厳しさを突きつけられます。弁護士の言葉はこうでした。

「法的に認められる離婚原因ではないので、法的に離婚するのは困難です。さらに、**ただ嫌い**

になった、価値観が違うから離婚したいというのは、協議離婚以外では難しいです」

離婚には協議離婚、調停離婚、裁判離婚などいくつかありますが（第3章参照）、協議離婚でまとまらない場合で、相手方に法的な離婚原因（浮気、暴力、借金などの有責行為）がなく、性格の不一致だけを理由に裁判離婚することは、極めて難しいとのことでした。

別居しても月30万円以上払うという現実

それでも離婚したいとすれば、意図的に婚姻関係を破綻させること。具体的には、5～10年別居していれば、裁判所は婚姻関係が破綻していると判断してくれるということも聞きました。ただし、**その間の婚姻費用や養育費、もちろん住宅ローンは払い続けなくてはなりません。**

そして、離婚するときは、婚姻期間に作った夫婦の財産（預貯金、自宅、動産など）も財産分与しなくてはならず、基本的には折半になるという話がHさんをさらに落ち込ませました。

Hさんと妻の年収の差は大きく、試算すると、Hさんは毎月の婚姻費用14万円＋住宅ローン12万円＋養育費を支払うことになり、それはさすがに厳しい……と、現実の厳しさに茫然としていました。

度重なる離婚協議の結果、話は平行線のまま。Hさんは子供が自立するまでは離婚はしないで、我慢することにしたそうです。

ただ、ひとつだけ譲れないのは家の場所の問題で、離婚しないならせめて住環境は変えたいと主張。妻もそれは渋々了解し、郊外の自宅は売却して都心の賃貸マンションに住むことになりました。同居しながらも夫婦関係は破綻したままです。

Aiko's eye

恋愛ならば、嫌いになれば別れることができますが、結婚となるとそうはいきません。子供がいるから別れずに我慢しているという夫婦は意外と多いのではないでしょうか。そこに住環境やお金の問題が加わるとさらにストレスは溜まっていきます。ただ嫌いになったから、価値観が合わないからと協議離婚で終われればよいですが、離婚は双方の承諾がないとできず、特に不動産問題は後が大変だということも多少は頭に入れておいたほうがいいかもしれません。

ケース
19

財産分与で受けた家を賃貸に。家賃収入を見込むも元夫が住宅ローンを滞納。

M子さん（53歳）

20年前に学生時代の彼と結婚し、千葉県に一戸建てを購入したM子さん。**3500万円のフルローンで、2分の1ずつの共有名義の、連帯債務**としました。

子供2人にも恵まれ、幸せな結婚生活を送っていましたが、結婚15年目に入ったところで夫が浮気し、浮気相手に子供ができたとのことで離婚しました。完全に夫に非があるため、弁護士に相談して公正証書を作成。内容は「子供が20歳になるまで養育費を一人2万円ずつ支払い、自宅の名義はM子さんに財産分与。住宅ローンは元夫が支払い続ける」というものでした。

M子さんは離婚後1年間は住み続けましたが、元夫との家に住むことがだんだん耐えられなくなり、実家のある神奈川県に子供と一緒に引っ越して、千葉県の**自宅は賃貸に出し、賃料収入を得る**ことにしました。

賃貸の募集を出してすぐに、大手法人契約の社宅で賃借人が決まり、平穏な生活を送っていました。そんなとき、元夫から突然連絡が来たのです。

「失業して住宅ローンが払えなくなり、3カ月滞納している。今後も払える見込みがない」

驚いたM子さんは私のところに相談に来られました。公正証書があるのだから、絶対に約束が守られると思っていたM子さん。公正証書は確かに強制力がある文書ですが、**相手方に資産がなければ、強制執行することはできず、**泣き寝入りせざるを得ない状況になることがあるのです。説明を聞いたM子さんは、怒りと絶望感でいっぱいになってしまいました。

連帯債務者として優先させるべきは？

とにかく、元夫から状況を聞くべく、私が会って面談をしました。元夫は自営で塗装業を営んでいましたが、事故でケガをしてしまい、休業せざるを得なくなったことで仕事が激減。廃業も考えるような状況でした。また、再婚していてその家庭でもお金がかかり、どうしてもM子さんの住宅費の支払いができないということでした。元夫には資産はなく、公正証書に基づき強制執行をしても意味がない様子です。

M子さんは怒り心頭でしたが、私は、ここは**「感情」を優先させるよりも「理性」を優先させる**ことに切り替えるべきだと判断しました。なぜなら**M子さんは連帯債務者のため、このまま支払いができないと家は競売になり、借金まで降りかかる**可能性があります。住宅ローン残債は約2000万円。物件の時価は2100万円前後だったので、いま売却すれば借金はゼロにできそうでした。

人に貸した賃料でローンを支払っていくという方法も考えましたが、住宅ローンの返済額が月の賃料を上回っていて負担が大きいのと、今後賃借人が退去してしまったら、さらに負担が大きすぎ、**M子さんの破綻は目に見えている**ため、その選択肢は現実的ではありませんでした。

賃借人退去の後に売却

ただ、ここで売却に大きな問題が生じました。賃借人付きでは賃貸物件になってしまうため、売買金額が時価より下がってしまうのです。そうなると、賃料収入を目的とする投資家に、「オーナーチェンジの物件」として売却する方法も考えられますが、月額賃料10万円の物件を

2100万円で購入となると、投資家にとっては投資利回りが低くなるため、これも売却しづらいことになります。

そこで私は、**現在の賃借人に退去してもらって売却**することを提案しました。ただし、さらにここで問題なのは、そう言いながらも、退去してもらうことが実は非常に困難だということです。

貸主からの解約は、原則的に「正当事由」がないと途中解約することは困難といわれています。その「正当事由」には、「貸主が住宅ローンの支払いができないから」ということはあたらないと、法律では決められているのです。

貸主であるM子さんと賃借人である会社の社宅管理をしている会社と協議し、敷金の全額返金と引っ越し費用の実費、退去までの3カ月間の賃料の免除ということで合意を取ることができました。このまま賃借権を主張して賃借し続けることもできた賃借人でしたが、M子さんの事情も理解し、円満に退去してくれることになりました。そしてその後、家は無事に売却でき、債務を全額完済することができたのです。

元夫との約束が守られなかったことは許せないですが、状況の変化は、ままあることでもあります。「最悪の場合、自分にも債務が残り、ブラックリストに登録されてしまうことを考えたらこれでよかったのだと思うことにしました」と、M子さんは最後は笑顔でした。元夫も、住宅ローンの支払いがなくなった分、養育費の支払いだけはかならずすると約束していました。

Aiko's eye

離婚により自宅に住む必要がなくなり、賃貸に出すケースは多いですが、住宅ローンが残っている場合は要注意です。また所有者と債務者が別の場合はさらに厄介です。今回は元夫が事前に連絡をくれたからよかったですが、そのまま放置されていたら競売になって、賃借人とM子さんに多大な迷惑がかかったことでしょう。

また今回は理解を得られましたが、賃借人に退去してもらうのは原則的に非常に困難です。法的に居座ることもできてしまう場合もあるため、賃借人への対応は慎重に行うことが大切です。

ケース
20

家計を預かる専業主婦がパチンコにはまってヤミ金へ。夫に内緒ですべての支払いを滞納。

R子さん（55歳）

R子さん一家が東京都内にマンションを買ったのは20年前のことでした。夫は中小企業で働く、真面目を絵に描いたような人。**家計は結婚当時から専業主婦のR子さんに任せていました。**「男は外で働き、女は家を守る」のが当然だという考えの夫。夫から毎月の給料を預かり、月額3万円を小遣いとして渡すというルールでしたが、堅実な夫は無駄遣いをすることもなく、酒もタバコもやらない人だったので、それ以上に特別要求されることもありません。2人の子供は高校生と大学生。ここまでは、よくいえば平穏な、悪くいえば凡庸な、とある家族の姿だと思います。

月々の住宅ローンや学費など、なんとかやりくりできていましたが、子育てのストレスや満たされない生活から、R子さんは、あるときを境にパチンコに通うようになっていました。R子さんは、実は結婚前にも、当時つき合っていた夫には内緒でパチンコにはまったことがあったのです。

自転車操業状態からヤミ金へ

家計を握っているなかでの二度目のパチンコは〝麻薬〟でした。

坂道を転がり落ちるようにどんどんはまり、エスカレートして生活費が足りなくなることもあったというR子さん。最後の砦が崩れはじめたのは、夫のクレジットカードでキャッシングをしたことからだそうです。

負けた分を取り返せば返済できるからと、安易な気持ちからはじまった「借金」。あっという間にキャッシングからカードローン、消費者金融にまで手を出し、次第に自転車操業状態になりました。

「夫にバレたら大変だ――」

その一念で必死にやりくりをしましたが、もうそこまでになるとどうしようもなくなり、とうとう住宅ローンを滞納。借りては返し、借りては返しの繰り返しで火だるま状態になっていったのです。

そんなある日、あるチラシが目に入ります。

「即日融資！　審査不要！　ブラックでも無収入でも貸します！」

専業主婦でも借りられるのだろうか……。恐る恐る電話をしてみると、その会社はすぐに3万円を貸してくれました。

ところが、これがいま増えている、**「ソフトヤミ金」**だったのです。

でも、R子さんにはヤミ金に手を出しているという感覚はなかったそうです。頭をよぎったことといえば、「よかった、これでなんとかなる！」という思い。しかしそんなはずはありません。ヤミ金の担当者はやさしく、借金のことを誰にも相談できなかったR子さんはヤミ金を優先的に返し続けているうちに、借金はみるみる莫大なものに膨れあがりました。そして、気づいたときにはソフトヤミ金からの借金は200万円を超え、とうとう首が回らなくなって私のところに相談に来られたのです。

「夫には絶対にバレたくない。離婚される」

その時点で、**住宅ローンの滞納は5カ月。**R子さんには「6カ月滞納すると競売になる」という頭があったので、なんとかギリギリで踏ん張っている状態でした。**固定資産税は1年滞納、マンションの管理費と修繕積立金は6カ月滞納。**計算するのも勇気がいるようなひどい状況です。

それにもかかわらず、ここまで追い込まれても「夫には絶対にバレたくない、離婚される」と言うR子さん。でも、この状況をなんとかするにはもう夫に言うしかありませんよ、と説得し、私が間に入って現状を説明しました。

真面目な夫は驚いて言葉もありませんでしたが、しばらくして怒りがこみ上げてきた様子でした。でも夫が偉かったのは、怒りがあっても冷静だったことです。「なんとかするしかない、この状況まで放っておいた自分にも責任がある」と解決に向けて協力してくれることになりました。

ヤミ金の債務整理については弁護士を紹介し、任せました。住宅ローンの滞納額は、一旦親族から借りて返済。マンションは債務超過ではなく、売れば４００万円ほど余剰金が出ることがわかったので、次男の大学受験が終わる翌年４月をめどに売却することになりました。売却後は、余剰金で借金を完済し、賃貸物件に引っ越します。

夫はR子さんの行動に幻滅して離婚を考えましたが、結局は生活を立て直して、もう一度やり直すことになりました。R子さんは「もうパチンコは二度としませんし、借金もしません。夫に申し訳ない気持ちでいっぱいです。離婚されず、本当に感謝しています」と、決意を新たにしていました。

Aiko's eye

家庭のなかで重要なことのひとつが家計。夫婦それぞれ決まりも考え方も違うので、そこは二人の合意ができていればどんなスタイルでも構わないと思います。

今回のケースは、借金をしてしまったR子さんに問題はありますが、実際、専業主婦の仕事は大変です。会社でいえば経理にあたる家計を、忙しい一人の人間に任せっきりにしてしまった夫にも責任はあるのかもしれません。そんなことをしっかりと踏まえ、自分も反省して妻に寄り添ったR子さんの夫はとてもすばらしかったです。家を守るよりも家族を守るという選択を見て、家族の温かさを感じました。

第3章

「納得の離婚」のために知っておきたい、手続き、お金、相談のこと

自分が納得して、第二の人生を踏み出せるように準備する

冷静な「損得勘定」を

離婚を決意すると、「とにかく別れたい!」と、衝動的に離婚届を提出し、十分に話し合いをしないいまま突き進んでしまう人がいます。

しかし、離婚前に決めておかなければならないことや、確認をしておかなければならないことは、山のようにあります。離婚には時間とエネルギーがかかるので準備が大切。早く別れたい一心で、離婚届を提出した後に慰謝料や養育費などの条件を決めればいいという方がいましたが、離婚届を出した後は連絡先を変えるなど、コンタクトできないようにしてしまう人も多いので、計画的にしっかり準備をしていきましょう。

離婚に関わる、お金についての約束ごとは、**離婚協議書**を作成しておくことをお勧めします。

離婚協議書とは、慰謝料、養育費、財産分与、住宅ローン、子供との面談など、離婚によって生じるさまざまな事案についての取り決めを文書にしたものです。口約束では後々「言った、言わない」の問題になりやすいですから、面倒でも文書にしておくことはとても大事です。

ただし、離婚協議書だけでは実際に約束が守られなかったときの法的拘束力が弱く、協議書を元に裁判を起こして判決を取らないと、相手の財産等を差押えることもできません。そのため、**離婚協議書は公正証書にしておく**こともお勧めしたいと思います。

公正証書とは、法務大臣によって任命される「公証人」によって作成される公文書のことです。証明力が高く、たとえば公正証書に記載されている支払いが滞った場合には、裁判を起こすことなく強制執行に移ることが可能です（文面に「強制執行認諾」の一言を記載した場合）。公正証書の原本は公証役場で保管されます。

公正証書は法的に有効な文書ですから、たとえば

・慰謝料をいくらにするか

・養育費はいくらを、いつまで払うのか
・住宅ローンはどちらが払うのか
・住宅ローン完済後に、不動産名義はどちらかに変更する
といった、将来的に必要な内容を熟慮して記載しておきましょう。

離婚協議書、公正証書を作る作業、手続きは自分でもできますが、将来的にとても重要な内容になりますから、弁護士や行政書士などの専門家に作成を依頼するほうがよいでしょう。


「感情」と「理性」のどちらを優先させるのか、冷静になって損得勘定をすることが大切です。

もちろん、それでも「感情」のほうが優先される場合もあるでしょう。私は、それは間違いではないと思っています。

自分が納得して、離婚後の第二の人生を踏み出せるように、心も身体も考えも、準備をしっかり整えましょう。

公正証書作成にかかる費用は?

財産分与額	公正証書作成手数料
100万円以下	5000円
100万円を超え200万円以下	7000円
200万円を超え500万円以下	1万1000円
500万円を超え1000万円以下	1万7000円
1000万円を超え3000万円以下	2万3000円
3000万円を超え5000万円以下	2万9000円
5000万円を超え1億円以下	4万3000円

＊作成手数料は主に公証人に支払うもので、該当する契約行為の金額によって異なる。

たとえば……
養育費を毎月3万円、計12年支払う＋財産分与を1000万円とする場合、養育費と財産分与は契約行為が別となるため、手数料は2件分かかる。

養育費

3万円×12カ月（1年）×10年＝**360万円**
☆養育費などの定額の支払いは支払期間が最長10年として計算される。

↓

公正証書作成手数料
1万1000円

財産分与

1000万円

↓

公正証書作成手数料
1万7000円

合計2万8000円

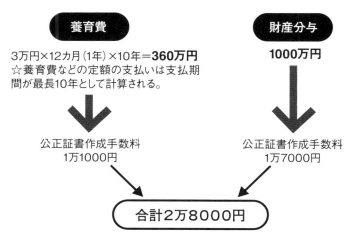

離婚の手続きは大きく4つに分かれている

まず離婚の手続きには大きく4種類があります。9割近くが①の協議離婚ですが、不動産を所有している夫婦の離婚はもめるケースが多いので、調停や裁判にもつれ込むこともあります。それぞれ説明していきましょう。

①協議離婚

夫婦の話し合い、離婚の合意が成立すれば決まります。市区町村に離婚届を提出すれば離婚が成立します。すべての離婚のうちの9割近くがこの協議離婚です。夫婦間の話し合いのみで成立するのでスピード解決ができます。

②調停離婚

夫婦のみの話し合いでは離婚についてまとまらない場合、家庭裁判所で調停委員が間に入り、離婚に向けた話し合いをします。第三者を通して話し合いをするので、冷静に進めることができます。相手と会いたくない場合に、会うことなく話し合いを進めることができるのもメリットです。

③審判離婚

調停でも話し合いがまとまらず離婚が成立しなかった場合に、家庭裁判所が離婚をしたほうがよいと判断し、離婚の審判をするのが審判離婚です。もし、審判に不満があれば2週間以内に反対する旨を申し立てれば審判の効果はなくなります。

④裁判離婚

調停でも話し合いがまとまらない場合、夫婦のどちらかが家庭裁判所に離婚の訴えを起こすことによりスタートします。家庭裁判所にはじまり、高等裁判所↓最高裁判所へと続き、いずれはかならず解決して離婚が成立しますが、判決まで早くて半年、長ければ3年かかることもあります。裁判離婚はすべての離婚のうちの2％強程度です。

裁判離婚は双方の合意がなくても、強制的に離婚を成立させてしまうため、裁判離婚ができる理由は法律上で定められています。それが「有責行為」にあたるもので、次の5つとされています。

①配偶者に不貞な行為があるとき
②配偶者から悪意で遺棄されているとき
③配偶者が3年以上生死不明であるとき
④配偶者が回復の見込みのない強度の精神病であり、回復の見込みがないとき
⑤その他、婚姻を継続しがたい重大な事由があるとき

一方、話し合いを行う協議離婚や調停離婚では、理由はさまざまです。

離婚のために必要な書類と提出期限

準備するもの
市町村役場、区役所などに備えてある離婚届 
印鑑 
運転免許証やパスポートなどの本人確認書類 

離婚の種類別に、加えて必要なものなど		
離婚の種類	加えて必要なもの	提出期限
調停離婚	調停調書の謄本	調停が成立した日から10日以内
審判離婚	審判書の謄本と確定証明書	審判が確定した日から10日以内
裁判離婚	本判決の謄本と確定証明書	判決が確定した日から10日以内

※協議離婚の場合は提出期限はなし。
※協議離婚以外の離婚方法には届けの提出期限があり、正当な理由がないのに提出期限を過ぎると、5万円以下の過料に課せられることがあります。

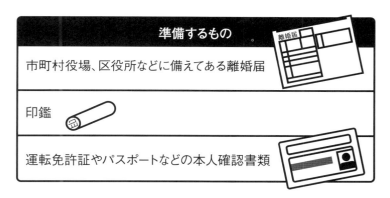

離婚前、離婚後にもらえる可能性のあるお金はどんなもの？

次に、離婚前、離婚後にもらえる可能性のあるお金にはどんなものがあるのか、挙げていきましょう。

●婚姻費用（離婚前）

夫婦には、お互いの生活レベルが同等になるように助け合う「生活保持義務」があります。別居中でも夫婦の婚姻が継続している限り、婚姻費用分担の義務は生じます。

具体的には、居住費や生活費、子供の学費などの費用のこと。離婚訴訟中でも婚姻関係は続いているので、請求することができるのです。ただし、**婚姻費用分担請求は請求したときから認められる**ので、過去にもらえるはずだった婚姻費用を後になってから請求するのはきわめて困難です。

別居期間が長いと、その分、婚姻費用の支払いも続きます。離婚したいけれど相手が応じてくれず、ずるずると婚姻費用と住宅ローンを払い続けた揚げ句、自分の生活が厳しくなってしまう。婚姻費用を滞納してしまったために、給与が差押えられた——という相談は、私のところでも多くあります。

かたや、生活費を請求しても払ってくれないという場合は、家庭裁判所に「婚姻費用分担調停」を申し立てると、裁判所が、出頭してきた夫婦の収入等を確認して婚姻費用を算出。支払うように話し合いが持たれます。そこで合意が取れないと調停不成立となりますが、調停不成立と同時に今度は審判手続きに入るため、家庭裁判所が婚姻費用分担額を決めてくれるのです。**家庭裁判所の審判は確定した判決と同じ効力がある**ので、万が一、審判にしたがった婚姻費用が支払われない場合、給与や預金などの差押えもできます。

●慰謝料

浮気や暴力などの有責行為が原因で離婚をする場合、婚姻生活中に味わった精神的苦痛に対して、精神的苦痛を被ったほうが慰謝料を請求することができます。

主に自分の側に離婚原因がある場合には、慰謝料を請求されてしまう可能性があるということです。相手側の浮気が原因で離婚に至るような場合には、浮気相手に対して慰謝料を請求できます（その場合、浮気相手とのメールや写真など、不貞行為を証明できるような証拠を入手しておくほうがいいと思います）。

慰謝料の金額は「離婚に至った原因行為の内容」「結婚の期間の長さ」「相手の資力・収入」等の事情を総合的に考慮して決定されます。離婚の原因に多い「性格の不一致」や「価値観の相違」など、どちらかが一方的に悪いわけではない場合は、慰謝料の請求が認められないことが多いです。

ところで慰謝料の額ですが、**一般的には100〜300万円、多くても400万円**というのが一般的です。意外と安いと感じる人が多いかもしれませんね。

メディアなどでは芸能人が「何千万円、何億円の慰謝料！」などと報道されることがありますが、そこで「慰謝料」といわれるなかには、財産分与の金額も含まれていることが多いようです。あとは、著名人であることで調停や裁判などを避けたいという理由から、高額の慰謝料を払って離婚するというケースもあるようです。

●財産分与

婚姻生活中に夫婦が協力して増やしてきた財産を、財産増加の貢献度に応じて分けることをいいます。一般的には婚姻期間が長くなり、年齢が上がっていくほど給料も上がるので貯金も増え、財産分与の対象となる財産が増えます。そのため、婚姻期間が長くなるほど高額の財産分与を受けられる傾向があります。

ただし、税金面で次のことに注意する必要があります。

①すべて金銭で財産分与する場合

この場合はほとんどの場合、税金はかかりません。ただし半分を超えて、あまりに多く受け取る場合は贈与税がかかる可能性があります。

②不動産（自宅）を財産分与する場合

1．離婚する前に自宅を分与した場合、原則として、もらった側に贈与税がかかる。

離婚届を提出する前に、夫名義の自宅を妻が財産分与でもらったとすると、単純に「夫婦間での贈与」と見なされてしまい、もらった側に贈与税がかかります。夫婦間の贈与の特例があり、婚姻期間が20年以上なら2110万円までは税金はかかりませんが、20年以下の場合は110万円を超える部分に対して贈与税がかかることになります。

2. 離婚した後に自宅を分与した場合、分与した側に譲渡所得税がかかる。

離婚後に、夫名義の自宅を妻に譲ったときは注意が必要で、差し出した側に譲渡所得税（譲渡したことによる所得税）がかかります。不動産を相手にあげるということは、その不動産を**一旦「時価で売った」と見なされ、現金が入ったと考えられてしまう**からです。ただし、時価が購入したときの価格を上回っていれば利益は出ていないので、マイホームを売却するときの特例を活用して確定申告を行えば、税金はかかりません。

不動産（自宅）を相手に財産分与する場合は、

・離婚届を提出後に、元配偶者に財産分与する

・マイホームを売却したときの特例を活用して確定申告を行うの手順を踏むことが大切です。

財産分与の対象となる主な資産は、不動産、預金、有価証券等、生命保険、車、宝石、絵画、退職金（すでに支給が決まっている場合や、あと数年で定年という場合）、年金などがありますが、**いちばんもめるのが不動産の分与について**です。別居中に夫所有の不動産が勝手に売却されそうになった、などのトラブルも多いです。分与するほうからすれば、自分の財産を元配偶者に分けたくない、というのが心情でしょうから、分けるくらいならば勝手に第三者に売ってしまおうと考えるわけです。

そういった場合は裁判所に**「保全処分（処分禁止の仮処分）」の申し立て**をして、勝手に処分をされないようにしたケースもありました。こういった申し立てには保証金がかかります（離婚が成立すれば返還されます）が、勝手に不動産を売却されるような恐れがあるようならば、保全したほうがよいでしょう。

●養育費

養育費とは、未成年の子供を成人させるまでに必要な経費のこと。離婚する際に子供がいる場合、男性・女性にかかわらず、子供と一緒に生活していない側が支払います。

離婚するとき、「別れた元夫や元妻には1銭も払いたくないが、子供のためなら払っていきたい」と思っている人は一般的にとても多いようです。しかし、その後の人生で転職や再婚など、生活状況の変化が訪れ、結局養育費を支払わなくなる、というケースもまた多いのが実情です。厚生労働省の調査によれば、**母子家庭のうち、父親から養育費を受けているのは約20%に過ぎません。**

裁判で養育費を支払う判決が出ても、転職して勤務先がわからない、銀行口座もどこにあるのかわからない、といった理由で強制執行ができず、結局は泣き寝入りするというケースがほとんどなのです。

こういった現状を踏まえ、つい最近、社会に新しい動きが出てきました。

裁判で確定した養育費や損害賠償金の不払いをなくすため、法務省が民事執行法を改正。**「支払い義務を負った債務者の預貯金口座を、裁判所を通じて特定できる新たな制度を導入する」という方針**を固めたのです。２０１８年の通常国会で、改正案の提出を目指します。

夫婦の事情で離婚しても、子供に罪はありません。子供のために、親は支払いの義務を果たすべきです。

●退職金

退職金は「賃金の後払い」としての性質もあるので、所得のなかから形成した預貯金等と同様に、財産分与の対象となります。しかし、定年まで勤務するかもわかりませんし、本当に退職金がもらえるのかどうかもわかりません。**退職金が財産分与の対象となるのは、退職が間近であったり、確実に退職金が受け取れる場合。**また、相手が公務員の場合は認められやすいです。

熟年離婚の場合は退職が間近に迫っているケースが多いので、退職金が財産分与の対象になることが多いです。熟年離婚では、離婚後の生活のための就職などが厳しい場合もありますから、老後の生活を考えると、これは重要です。

●年金分割

夫婦間の年金額を、決められた割合により分割する制度です。分割の対象は厚生年金と旧共済年金部分だけで、国民年金部分は対象となりません。

分割された年金を受給できるのは、年金の受給資格を持つ年齢になってからです。分割の慰謝料や養育費は元配偶者の経済力がなくなれば滞る可能性もありますが、年金分割の場合は国からの支払いなので安心感はあります。

熟年離婚による老後の貧困が社会問題となっています。年金を分割できることはあまり知られていないため、離婚による老後破産にならないためにも、しっかりと対策するようにしましょう。

離婚を検討している場合、離婚手続きを行う前にまず**「年金分割のための情報提供請求書」**を日本年金機構に提出すると、将来自分がもらえる見込み年金額が確認できます。ただし、離婚後に行うと、書類請求をしたことが相手にも通知されてしまうため、分割前にトラブルになることもあるので、注意が必要です。

離婚による年金分割

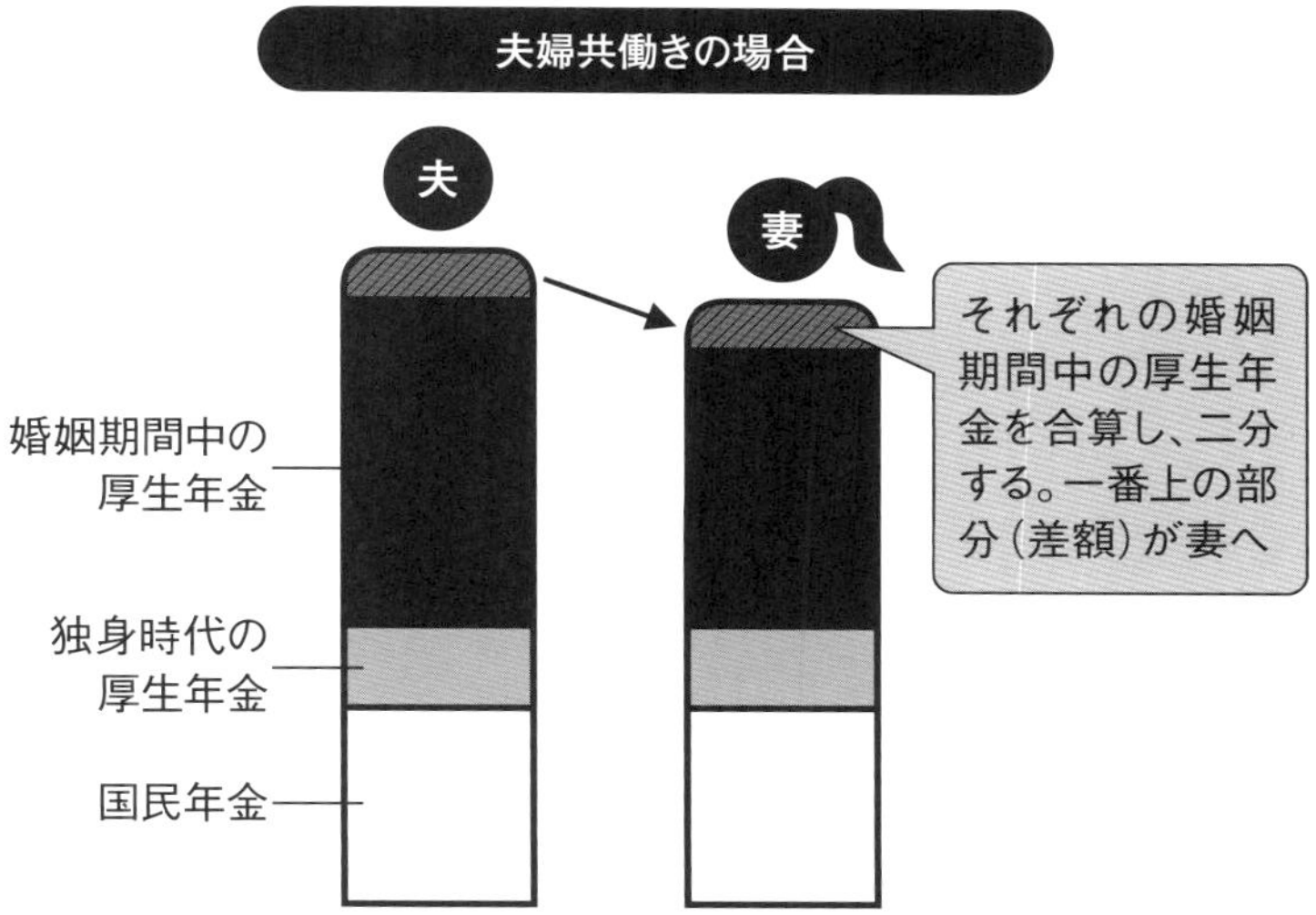

夫婦共働きの場合
夫
妻
婚姻期間中の厚生年金
独身時代の厚生年金
国民年金
それぞれの婚姻期間中の厚生年金を合算し、二分する。一番上の部分（差額）が妻へ

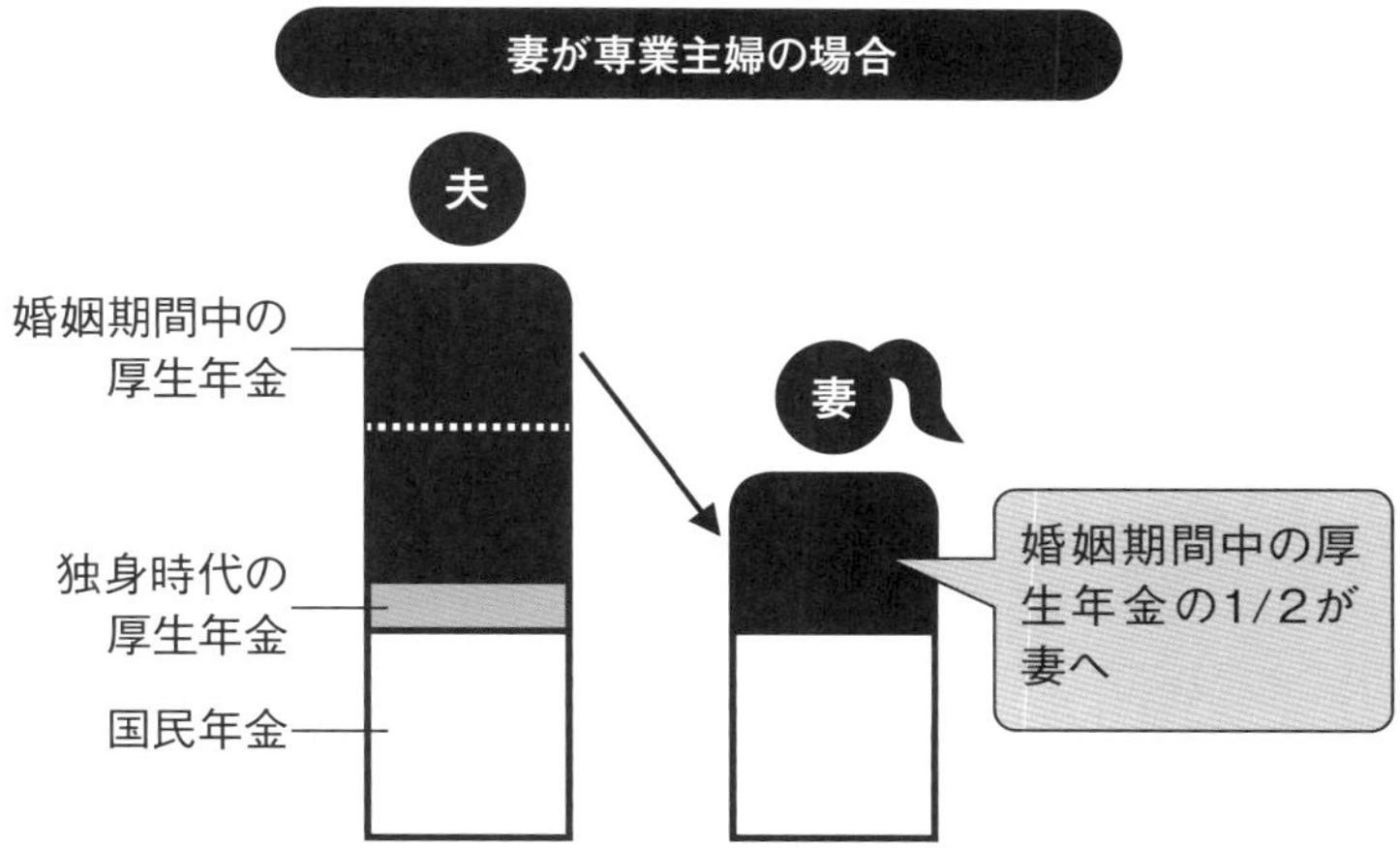

妻が専業主婦の場合
夫
妻
婚姻期間中の厚生年金
独身時代の厚生年金
国民年金
婚姻期間中の厚生年金の1/2が妻へ

離婚のことを「相談できる人」はこんなにいる

離婚を決断するまでには、さまざまな悩みや葛藤があると思います。離婚後のことを考えるだけでも、心を決めるまでには乗り越えるべきたくさんのハードルがあるでしょう。

でも、その一方で、ずっと一人で悩んでいるだけでは、ものごとは解決しないのです。結果的に離婚を選択しようとしまいと、人生の大きなターニングポイントをベストな判断で迎えるために、**「人に相談する」**ということも、ぜひ頭に入れておいてください。

●弁護士

慰謝料請求や慰謝料減額請求など、法的に解決する必要がある問題を抱えている場合に、代理人となってくれます。

特に金銭問題は離婚のときに法的にしっかり解決しておかないと、後でトラブルになることが多いのです。離婚問題に強い弁護士に頼むことも大切ですが、デリケートな問題でもありますから、自分と相性のよい弁護士に依頼することが精神的にも負担が少ないと思います。

いきなり弁護士事務所の扉を叩くことに抵抗がある、経済的な理由で躊躇《ちゅうちょ》してしまう、という場合は、法務省管轄の公的な法人である『日本司法支援センター』(法テラス)も活用するとよいでしょう。無料相談もできます。法テラスURL http://www.houterasu.or.jp/

●行政書士

離婚をすることや離婚条件に争いはないけれど、お互い決めたことを書面(離婚協議書や公正証書など)にしっかり残したいというときに依頼する、法的書類作成のプロです。合意した内容を法的に意味のある文書に整えてくれます。書類作成などで困ったときは相談しましょう。

●離婚カウンセラー

弁護士、行政書士のような国家資格ではありませんが、夫婦関係のトラブル全般についてアドバイスをしてくれます。「離婚相談所」という看板を掲げるところもあるのではないでしょうか。

離婚したくない、夫婦関係を修復したい、うまく離婚したい、浮気相談など、相談内容は幅広いです。

ただ、総合的にアドバイスをもらうにはいいのですが、カウンセラーの質には幅があるように感じます。弁護士と同様、自分と相性のいい人を選ぶ、という視点も大切です。また、慰謝料の相場や具体的な財産分与など、法的なことは弁護士に相談する必要があります。

●**不動産業者**

「離婚」という状況を踏まえて総合的かつ客観的に判断、アドバイスをしてくれる不動産コンサルタントに相談するのがベストだと思いますが、離婚問題に詳しい不動産コンサルタントはまだまだ少ないのが現状です。

考え方として、かならずしも「不動産のことだから不動産業者に相談する」ということではないと思いますし、それはあまりお勧めしません。不動産業者は、あくまでも不動産を売ることや買うことに力点を置いてアドバイスすることもあるからです。

この本でも紹介してきたように、**不動産問題は、売るだけが解決方法ではありません。**

ただし、査定など不動産の価値を調べるためには不動産業者に依頼して、正確な金額を把握するようにしましょう。

●ファイナンシャル・プランナー

ファイナンシャル・プランナーは、顧客からお金に関する相談を受けてライフプランを立てたり、必要に応じたアドバイスを行う専門家です。頭文字を取って「ＦＰ（エフピー）」とも呼ばれます。

ＦＰはライフプランに合わせた家計改善、投資、保険、税務、不動産、相続など、専門分野が多岐にわたりますが、住宅ローン専門の人もいますから、離婚による住宅ローンの借り換えなどの相談をするとよいでしょう。

●シングルマザーのための機関

養育費のところで触れましたが、離婚による母子家庭のうち、父親が養育費を払っているのは約20％。シングルマザーは約１２０万人いるといわれています。仕事をしようにも、たった一人で子育てをしながら、十分な収入を得ることがどんなに難しいか。ときの政府は成長戦略の柱のひとつに「女性の活躍推進」などと掲げていますが、まだまだ、越えなくてはならないハードルは山のようにあるのが現状でしょう。

そのようななか、シングルマザーたちを支援する、またシングルマザー同士が支え合う機関の活動は、年々活発になっています。

シングルマザーたちの経済的自立をバックアップする活動に力を入れる『一般社団法人日本シングルマザー支援協会』(http://シングルマザー協会.com/)をはじめ、母親が安心して働けるように「病児保育」サポートを行う団体、情報交換や相互援助を行う団体など、いろいろなところがあります。また、各自治体などにも相談窓口や、利用できる各種制度が準備されています。インターネットで検索してみてください。

おわりに

私のところに相談に来られる方の多くは、初めは失意のどん底の状態にいることがとても多いです。

「慰謝料や養育費に関してはある程度の知識はあったが、不動産の問題は皆目お手上げ」と、どうしていいかわからないまま後回しにした結果、取り返しのつかない事態に陥ったという方もいらっしゃいました。ドロドロ離婚劇もたくさんあります。離婚したくてもできないという「籍だけ既婚者」状態の方もいます。

一生寄り添うつもりで結婚したといっても、長い結婚生活、楽しいことばかりではありません。気持ちだって変わります。そして性格も変わるのです。価値観が合わなくなるのも仕方がない部分もあります。そこでお互いを思いやって気持ちのズレを修復していければよいのですが、一度大きくずれた歯車は、なかなか元には戻らないものです。

そんな精神的に厳しい状況に不動産問題が覆いかぶさり、みなさん最初は本当につらそうで、私の前で号泣される方も少なくありません。でも、ご自身が話をする、そして私が話を聴いていくにつれ、みなさんだんだんと元気を取り戻します。

相談の流れはまず、最初に方向性を決め、軌道修正をしながら一緒に二人三脚で歩んでいきます。その後の結果は、相談者が自ら選択した結果です。納得の上でのことなので、みなさんすっきりと、前向きになっています。私はこの仕事を通じて、人間がここまで変わるのかという瞬間を、目の前で何度も見てきました。もしかしたら、私はこの瞬間が見たくて、相談者の元へ東奔西走しているのかもしれません。


「高橋さんに相談にのってもらえた日、久しぶりに眠れました」

「高橋さんの『大丈夫!』という元気な声に何度も助けられました」

こんな言葉を、相談者の方からよくいただきます。

「将来、高橋さんのような仕事に就《つ》きたいです」

と、就職しながら、資格の勉強をしている方もいます。起業した人もいます。

「何よりも子供との生活ができるだけで幸せです」

と、シングルマザーのシェアハウスでたくましく生きている人もいます。

貧しくても自分自身が豊かな気持ちでいられれば、それはすばらしいことです。我慢して結婚生活を続けるより、それこそが、ご自身も子供も幸せな日々であると思います。私もシングルマザーに育てられて貧しい生活でしたが、いまでは、あの母でよかったと、心の底から思っています。

夫婦の間のことは奥が深く、その二人にしかわからないことだってたくさんあります。そのときの感情を取るべきなのか、理性を優先させるべきなのか、正解はありません。私は、みなさんに方向性を示して一緒に進むだけ。決めるのはご本人です。自分で納得した上で決めるから、その決断が、後の人生の自信につながっていくのです。そのために、正しい知識と知恵を提供することが私の仕事です。

離婚と不動産の問題で、一人悩んでいらっしゃる方がいたら、ぜひ、『住宅ローン問題支援ネット』の無料相談窓口に連絡してください。誰かに話を聴いてもらうだけでも、気持ちはかなり楽になると思います。

高橋愛子

［著者紹介］

高橋愛子（たかはし・あいこ）

住宅ローン問題支援ネット代表

宅地建物取引士

不動産コンサルタント

1979年東京都生まれ。大学卒業後、町の不動産会社に就職し、店長として5年間、賃貸管理業、賃貸仲介業を経験する。2007年、28歳で任意売却専門の不動産コンサルタント会社を設立し独立。きっかけは、就職した不動産会社で出会ったある顧客の競売問題だった。この一件に関わったことで初めて「任意売却」の存在を知り、その方法と意義に深く共感。「住宅ローンの支払いに苦しむ人たちを助けたい」という信念のもと、任意売却の専門家になることを決める。

また、任意売却の案件を扱うなかで、不動産、住宅ローンをめぐる問題も多岐にわたることを知り、『住宅ローン問題支援ネット』という無料相談窓口を開設。相談件数は年間数百件にのぼるが、そのなかで「離婚と不動産」についての相談が特に多いことに着目したのが、本書を書く発端となった。

著書に『老後破産で住む家がなくなる！ あなたは大丈夫？』（日興企画）、『「住宅ローンが払えない！」と思ったら読む本』（PHP研究所）、『任意売却ってご存知ですか？』（ファーストプレス）。講演、メディア出演も多数。趣味はバス釣りで、競技会2連覇の経験もある。

住宅ローン問題支援ネット

http://www.synergy-m.co.jp

0120-447-472

離婚とお金
どうなる? 住宅ローン!

2016年8月2日　第1刷発行

著　者　高橋愛子
発行者　長坂嘉昭
発行所　株式会社プレジデント社
〒102-8641　東京都千代田区平河町 2-16-1
平河町森タワー 13階
編集 (03)3237-3737　販売 (03)3237-3731
http://president.co.jp
法律監修　弁護士 武内優宏(法律事務所アルシエン)
装　幀　竹内雄二
構　成　永浜敬子
撮　影　高島宏幸
図版作成　大橋昭一
校　正　柳元順子
編　集　名越加奈枝
制　作　田原英明
印刷・製本　株式会社ダイヤモンド・グラフィック社

ISBN 978-4-8334-5100-0
Printed in Japan